Holger Vornholt
Haste Töne!
So sprach man anno dazumal

Holger Vornholt

Haste Töne!

So sprach man anno dazumal

REGIONALIA
VERLAG

2. Auflage
Holger Vornholt, Haste Töne!
Copyright © 2013 Regionalia Verlag GmbH, Rheinbach
Alle Rechte vorbehalten

Einbandgestaltung: Lydia Muhr
für agilmedien gbr, niederkassel
Bild Cover: Erzähler in der Eifel 1930er Jahre.
(Der Verlag dankt dem LVR – Institut für Landeskunde
und Regionalgeschichte, Bonn, für das Nutzungsrecht.)
Layout und Satz: paquémedia, www.paque.de

Printed in Poland 2014
ISBN 978-3-939722-75-5

www.regionalia-verlag.de

Inhalt

Vorwort

Sprache lebt. Neue Wortschöpfungen und Formulierungen entstehen am laufenden Band. In den meisten Fällen haben sie eine bestimmte Lebensdauer, bis sie am Ende von anno tobak sind und allmählich wieder in Vergessenheit geraten. Oft sind einschneidende gesellschaftliche, politische oder technologische Ereignisse ein Anlass, dass sich im Wortschatz einer Sprache größere Verschiebungen und Erneuerungsprozesse vollziehen.

Die Erforschung der Entstehung von Redensarten ist manchmal ein Buch mit sieben Siegeln – zu verschlungen sind einfach oft die Wege, die zu ihrer Bildung geführt haben. Wenn man Schwein hat, stammt eine Redewendung aus der Bibel, von Martin Luther sowie anderen Alt-Promis oder aus der Literatur. Dann ist ihre Herkunft und Verbreitung meist schnell geklärt. Auch die aus dem militärischen und dem technologischen Bereich stammenden Ausdrücke lassen sich meist gut nachvollziehen, wenn man keine allzu lange Leitung hat. Schwieriger wird es bei Wendungen, die ursprünglich beispielsweise aus dem Hebräischen, dem Jiddischen oder dem Rotwelschen, der alten Gaunersprache, stammen und durch den Volksmund verballhornt wurden. Vor allem die schnodderige Berliner Schnauze ist darin meisterlich. Da staunt man manchmal nur noch Bauklötze.

Wer sich einmal die heutige Jugendsprache anschaut, wird feststellen, dass er in vielen Fällen nur Bahnhof versteht. Das geht den Jugendlichen aber umgekehrt bei Begriffen wie „knorke" oder „töfte" genauso. Und wenn man sich einmal ansieht, wie die Leute vor 100 oder 150 Jahren gesprochen haben, dann steht man selbst ebenfalls schnell auf dem Schlauch. Um dies zu ändern, soll dieses Buch mithelfen zu verhindern, dass all die schönen Redensarten von anno dazumal endgültig den Löffel abgeben.

Kapitel **1**

Menschentypen I

Originale und Berufe

Von Schlawinern
und Heringsbändigern

Alter Hase
ein erfahrener, kluger Mensch

Den heimischen Feldhasen gab es früher sehr viel häufiger als heute, da man ihn nur noch selten sieht. Er ist ein Bewohner der offenen Landschaften. Hier verbringt er den Tag in seiner als „Sasse" bezeichneten Wohngrube, um abends und morgens in der Dämmerung auf Nahrungssuche zu gehen. Fast alle unsere heimischen Raubtiere haben „Hase" auf der Speisekarte, vom Marder und seinen Verwandten über den Fuchs, Wolf und Luchs bis hin zu großen Eulen und Greifvögeln – und nicht zuletzt dem Jäger. Vor allem die jungen Hasen müssen besonders oft dran glauben: Über die Hälfte aller Hasen überlebt das erste Jahr nicht. Das bedeutet umgekehrt, dass ältere Hasen – immerhin können sie über 12 Jahre alt werden – wahre Überlebenskünstler, sehr erfahren und mit allen Wassern gewaschen sein müssen. Somit ist die Bezeichnung *Alter Hase* für einen Menschen ein Ausdruck hoher Wertschätzung.

Amtmann
die „rechte Hand" des Landesherrn

Wenn man in früheren Zeiten von der Obrigkeit sprach, kam die Rede meist schnell auf den Amtmann. Diesen gab es bereits seit dem Mittelalter. Er war der vom betreffenden Grundherrn bestimmte oberste Verwalter der zu einem als „Amt" bezeichneten Gebiet gehörenden Gutshöfe, Siedlungen und sonstigen Liegenschaften, etwa der Burgen. Ihm oblag die Eintreibung der Steuern für den Feudalherrn, zudem sorgte er mit einer Anzahl von Schergen für die öffentliche Ordnung. Schließlich unterstand ihm auch noch die Gerichtsbarkeit. Somit war er in Vertretung des Landesherrn in seinem jeweiligen Amtsbezirk die höchste weltliche Macht. Sein Sitz war das Amtshaus. Im Großen und Ganzen änderte sich daran bis ins 18. Jahrhundert hinein nicht viel, dann wurde der Begriff *Amtmann* allmählich vom neueren Begriff *Beamter* verdrängt, blieb aber vielerorts noch bis ins frühe 20. Jahrhundert gebräuchlich.

Backfisch

ein unerfahrenes, junges Mädchen

Noch weit bis in die Mitte des 20. Jahrhunderts hinein wurden junge Mädchen, die keine Kinder mehr waren, aber auch noch keine erwachsenen Frauen, als *Backfische* bezeichnet. Heute nennt man diese Phase im Leben junger Menschen – die männlichen Jugendlichen waren übrigens *Halbstarke* – die Pubertät. Über die Herkunft des Begriffs *Backfisch* gibt es verschiedene Theorien, die alle mit echten Fischen zu tun haben. Eine Theorie besagt, dass der Begriff aus dem Englischen stammt und von den Fischen kommt, die noch zu jung und klein sind und deshalb zurück („back") ins Wasser geworfen werden müssen. Nach einer anderen Theorie bezieht sich der Begriff auf die ebenfalls sehr jungen und kleinen Fische, die sich noch nicht zum Kochen oder Braten eignen, aber sehr wohl zum Backen. Bei den jungen Mädchen war allerdings zum Glück wohl eher ihre Unerfahrenheit gemeint. Heute hört man den Begriff so gut wie gar nicht mehr, die jungen Mädchen empfinden sich heute eher als *Girlies*.

Bummelant

ein notorischer Faulpelz

Wer notorisch zu Verabredungen, vor allem aber zu Pflichten wie etwa der Arbeit zu spät kam, wurde bis ins 20. Jahrhundert hinein oft als *Bummelant* bezeichnet. Vielfach wurde der Begriff auch für schlimme Faulpelze gebraucht, die die ihnen aufgetragenen Aufgaben systematisch verschleppten oder gar gänzlich unerledigt ließen. In üblen Verruf kam der Begriff während der Zeit der nationalsozialistischen Gewaltherrschaft. Nun galt Bummelei plötzlich sogar als Straftatbestand und Verhaftungsgrund. Die sogenannte Arbeitsbummelei etwa bestand in mehrmaligem Zuspätkommen am Arbeitsplatz und konnte die Einweisung in ein Arbeitslager zur Folge haben – sehr oft mit tödlichem Ausgang. Heute begegnet man dem Verb „bummeln" gelegentlich noch mit positivem Beigeschmack als Ausdruck von gewolltem, bewusstem Müßiggang etwa im Urlaub oder in der Freizeit – zum Beispiel bei einem Schaufensterbummel.

Dreikäsehoch
ein kleines Kind

Bis ins vergangene Jahrhundert hinein war es üblich, kleine Kinder umgangssprachlich und scherzhaft als *Dreikäsehoch* zu bezeichnen. Damit waren allgemein Kinder unter einem gewissen Alter und der damit zusammenhängenden Größe gemeint, aber auch ältere, für ihr jeweiliges Alter besonders kleine Kinder. Über die Herkunft dieser Wortschöpfung lässt sich nur spekulieren. Einige Leute meinen, dass sich die Angabe auf die geringe Dicke von drei übereinandergelegten Käsescheiben bezieht und folglich bildlich zu verstehen sei. Andere wiederum gehen davon aus, dass man früher einst tatsächlich echte Käselaibe aufeinandergestapelt hat, um die Größe einer Person zu messen. Kleine Kinder maßen demnach nicht mehr als drei übereinandergelegte Käselaibe. Schließlich gibt es noch die Theorie, dass das Ganze gar nichts mit Käse zu tun hat und das Wort vom französischen „caisse" kommt, was so viel wie „Kiste" bedeutet.

Galan
ein Verehrer

Nur noch selten hört man heute den Begriff *Galan*, und dann auch noch meist mit ironischem Beiklang. Seit fast 100 Jahren, seit dem Untergang der großen Fürstenhöfe Europas, ist der Begriff immer ungebräuchlicher geworden. Seine Hochzeit hatte der Galan an den Höfen der europäischen Hauptstädte, von denen es im 18. und 19. Jahrhundert ja eine ganze Menge gab. Ursprünglich bezeichnete der Begriff *Galan* einen hochgestellten Höfling, der die Dame des Hauses bei Abwesenheit des Hausherrn beschützte und sie dabei zudem galant (!) unterhielt. Mit zunehmender Zügellosigkeit höfischer Sitten nahmen die Galane ihre Pflichten aber scheinbar nicht mehr so sehr ernst. So wandelte sich der Begriff und beschrieb am Ende mehr einen Verehrer oder sogar Liebhaber der Hausherrin. Später wurde der Begriff dann auch in bürgerlichen Kreisen gebräuchlich und bezeichnete nun allgemein einen Verehrer oder Liebhaber.

Hansguckindieluft

ein Tagträumer

Als der Frankfurter Arzt Heinrich Hoffmann im Jahre 1845 seinen Erziehungsratgeber „Struwwelpeter" veröffentlichte, war dies damals ein pädagogisch fortschrittliches Buch – was auch ein bezeichnendes Licht auf den damaligen Zeitgeist wirft. Heute wird dieses martialische Buch, in dem Kinder für aus heutiger Sicht vergleichsweise harmloses Fehlverhalten schwerste Strafen erleiden – bis hin zum Tod –, sehr kritisch betrachtet. Neben zahlreichen anderen Kindern kommt darin auch der *Hansguckindieluft* vor, ein Junge namens Hans, der auf dem Weg zur Schule seinen Träumereien nachhängt, was durch den zum Himmel gerichteten Blick ausgedrückt wird, und der am Ende ins Wasser stürzt. Bis ins 20. Jahrhundert hinein hat man Tagträumer als *Hansguckindieluft* bezeichnet, heute wird die Figur von einigen Psychologen mit dem Aufmerksamkeitsdefizit-Syndrom ADS in Verbindung gebracht.

Heringsbändiger

ein Lebensmittel-Einzelhändler

Die Heringsfischer begaben sich im 19. und frühen 20. Jahrhundert auf der Jagd nach dem damals noch massenhaft überall an unseren Küsten vorkommenden Fisch mit ihren hölzernen Segelbooten nicht selten in Lebensgefahr. Dagegen war das Leben der Einzelhändler in ihren Tante-Emma-Läden, die den Fisch dann unters Volk brachten, wesentlich ungefährlicher und beschaulicher. Der Hering gehörte in vergangenen Jahrhunderten zu den Hauptnahrungsmitteln der Bevölkerung, er war geradezu ein „Arme-Leute-Essen". Überall in den kleinen Tante-Emma-Läden standen Fässer mit eingesalzenen Heringen herum. Das brachte den Lebensmittelhändlern die spöttische Bezeichnung *Heringsbändiger* ein, die unterstellt, dass es sich um ein gefährliches Geschäft handelt. Die Ironie ist nur vor dem Hintergrund der Industrialisierung mit ihren oft lebensgefährlichen und unmenschlichen Arbeitsbedingungen zu sehen.

Kaventsmann
dicker und großer Mensch, mächtiges Tier, großer Gegenstand

Wenn man – was heute allerdings sehr selten ist – als *Kaventsmann* bezeichnet wird, sollte man dringend umgehend mal wieder auf die Waage steigen und seine Leibesfülle überprüfen, denn das Wort beschreibt redensartlich einen beeindruckend dicken, oft zusätzlich auch noch sehr großen Menschen. Darüber hinaus hat man früher auch besonders große oder dicke Tiere und Gegenstände *Kaventsmann* genannt. Wenn ein Seemann allerdings heute noch einen Kaventsmann sieht, ist vielleicht sein letztes Stündlein gekommen, denn in der Seemannssprache ist ein Kaventsmann neben der *Weißen Wand* und den *Drei Schwestern* eine der drei Arten der bis zu 30 Meter hohen „Monsterwellen". Der Begriff *Kaventsmann* leitet sich vom alten deutschen Wort „Kavent" ab, das einen Bürgen bezeichnet. Dessen Reichtum und Macht wurde zu Beginn des 19. Jahrhunderts vermutlich bildhaft auf eine große Körperfülle übertragen.

Mamsell
eine junge Frau

Im 18. Jahrhundert wurde die vorrevolutionäre französische Gesellschaft vom Adel beherrscht, der sich mit großem Pomp in höfischen Ritualen erging und sich dekadenter Völlerei hingab, während der Staat dem Bankrott entgegen taumelte und große Bevölkerungsschichten in Armut dahinvegetierten. Zur Führung ihrer teils großen Hauswirtschaften stellten die Adligen gerne Töchter bürgerlicher Familien ein, die man als „Mademoiselles" („Fräulein") bezeichnete. Durch Verballhornung wurde im deutschen Sprachraum daraus die *Mamsell*. Manche dieser Hausangestellten spezialisierten sich auf bestimmte Bereiche, so war etwa die *Kaltmamsell* ausschließlich für die Bereitung kalter Speisen und Büffets zuständig. Im späten 19. und frühen 20. Jahrhundert wurde *Mamsell* dann scherzhaft als neckende Bezeichnung für junge Frauen verwendet. Die Kaltmamsell hingegen gibt es bis heute noch gelegentlich als Berufsbezeichnung in der Gastronomie.

Mauerblümchen

ein vom jeweils anderen Geschlecht unbeachteter Mensch, meist weiblich

Im Jahre 1836 schrieb der Dichter Ludwig Bechstein in einem Gedicht über das auch als Mauerblümchen bezeichnete Zimbelkraut u.a. folgende Zeile: „Niedliche Pflanze, du kleidest der alten Ruine Gemäuer, rankend hinab und hinauf blühest du einsam für dich." Damit ist auch schon der Kern der meist mitleidig verwendeten Redewendung vom menschlichen Mauerblümchen erfasst. Vor allem Mädchen und Frauen, die in der Blüte ihrer Jahre von den Männern unbeachtet blieben, um schließlich verschmäht dahinzuwelken, bezeichnete man im 19. und 20. Jahrhundert als Mauerblümchen. Es gibt aber auch noch einen anderen Erklärungsansatz für die Herkunft des Begriffs. Er geht davon aus, dass bereits vor Jahrhunderten die Mädchen in den Dörfern bei Festen auf Mauern saßen und darauf warteten, zum Tanz aufgefordert zu werden. Diejenigen von ihnen, mit denen niemand tanzen wollte, blieben zum Schluss alleine auf der Mauer sitzen.

Schiffschaukelbremser

eine gering qualifizierte Hilfskraft

Nach dem Zweiten Weltkrieg kamen überall in Deutschland auf den Volksfesten Schiffschaukeln groß in Mode. Sie bestanden aus größeren, länglichen Plattformen, die so an einer Stahlkonstruktion befestigt waren, dass sie vor- und zurückschwingen konnten. Den Namen bekamen sie von der Form der schaukelnden Plattformen, die traditionell Booten oder Schiffen nachempfunden waren. Angetrieben wurden sie zuerst mit Muskelkraft, später dann, als sie immer größer und schneller wurden, durch Elektromotoren. Nach dem Ablauf der Fahrzeit wurden die Schaukeln von Hilfskräften mittels eines Hebels wieder abgebremst. Diese Tätigkeit wurde dann zum Synonym für gering qualifizierte Hilfsarbeiten, sodass jemand, der als *Schiffschaukelbremser* tituliert wurde, sich darüber ganz bestimmt nicht freuen konnte. Heute gibt es kaum noch traditionelle Schiffschaukeln, sie wurden längst von schnelleren, teilweise sich überschlagenden, mehr karussellähnlichen Fahrgeschäften abgelöst.

Schlawiner
pfiffiger, gerissener Mensch, aber auch: Betrüger

Wenn früher jemand als Schlawiner bezeichnet wurde, dann kam es bei der Frage, ob dies wohlwollend oder abwertend gemeint war, sehr genau auf die Zeit an, in der dies geschah. Der Begriff hat nämlich im Laufe der Jahre einen radikalen Bedeutungswandel durchlaufen. Zur Herkunft des Wortes lässt sich sagen, dass es als anerkennender Begriff wahrscheinlich bereits im 17. Jahrhundert durch Verballhornung des Begriffs „Slowaken" oder „Slowenier" entstanden ist. Damit waren allerdings nicht die betreffenden Völker im heutigen Sinne gemeint, sondern allgemein die vielen Nichtsesshaften, die damals durch die Lande zogen und mit ihrer Pfiffigkeit als „fliegende Händler" den Menschen allerhand Zeug aufschwatzten. Abwertend wurde der Begriff dann in der Zeit der nationalsozialistischen Diktatur, als man im Rassenwahn damit begann, alle slawischen Völker als Schlawiner zu bezeichnen. Später bekam er dann wieder seine ursprüngliche Bedeutung zurück, auch wenn er immer weniger verwendet wurde.

Schlitzohr
ein listiger, durchtriebener Mensch

Sowohl anerkennend als auch abwertend wurde der umgangssprachliche Begriff *Schlitzohr* seit dem 18. Jahrhundert für listige, durchtriebene Zeitgenossen verwendet – je nachdem, ob eher die List oder die Durchtriebenheit im Vordergrund war und ob ein Schaden angerichtet wurde oder nicht. Über die genaue Herkunft des Wortes besteht Uneinigkeit. Einige Sprachwissenschaftler meinen, dass das „echte" Schlitzohr ein Schandmal sei, mithin eine Bestrafung, bei der das Ohr des Delinquenten aufgeschlitzt wurde – ähnlich wie die Bestrafung eines Diebes durch das Abhacken einer Hand. Manche Historiker halten dagegen, dass eine im Gegensatz zum Handabhacken viel leichtere Bestrafung des Ohrschlitzens in den historischen Quellen nicht belegt sei. Auch sei nicht vorstellbar, für welche Art von Vergehen eine solche Strafe verhängt worden sein könnte. Sinnbildlich jedenfalls hat es der Begriff vor allem im Fußballsport sogar bis in unsere Zeit geschafft, auch wenn er nur noch sehr selten benutzt wird.

Schutzmann

ein Beamter der Schutzpolizei

Nicht bildhaft oder symbolisch gemeint, sondern schlicht umgangssprachlich ist der Begriff „Schutzmann". Er stammt aus dem Ende des 19. und Anfang des 20. Jahrhunderts und bezeichnet einen Beamten der Schutzpolizei. Das ist der Teil der Polizei, der sich im Gegensatz zur Kriminalpolizei nicht mit der Aufklärung von Verbrechen, sondern mit dem Streifendienst und allen dabei anfallenden Aufgaben wie Verfolgung von Flüchtigen, Aufnahme von Verbrechen, Verkehrsüberwachung usw. beschäftigt. Dabei tragen die Beamten der Schutzpolizei im Gegensatz zu denen der Kriminalpolizei stets Uniform. Der Begriff *Schutzmann* entstand damals neu, weil auch die Schutzpolizei erst im 19. Jahrhundert neu entstand. Vorher war die paramilitärische Gendarmerie für die Aufrechterhaltung der öffentlichen Ordnung zuständig. Eine neuere Version des *Schutzmanns* aus dem 20. Jahrhunderts ist die Kurzform *Schupo*.

Springinsfeld

ein unbekümmerter, leichtsinniger junger Mensch

Wie viele andere, so hat auch der noch bis ins 20. Jahrhundert hinein häufig verwandte Begriff *Springinsfeld* seit dem Mittelalter einen grundlegenden Bedeutungswandel durchlaufen. Ursprünglich bezeichnete man die jungen Handwerksburschen, die auf Wanderschaft gingen, als Springinsfeld. Im 16. Jahrhundert ging diese Bezeichnung auf die Landsknechte über, die Söldner, aus denen im Heiligen Römischen Reich bald große und furchterregende Heere gebildet wurden. Im 17. Jahrhundert setzte der deutsche Dichter Hans Jakob Christoffel von Grimmelshausen dem Springinsfeld in der gleichnamigen Figur in seinem Romanzyklus „Simplicius Simplicissimus" ein literarisches Denkmal (Band 8: Der seltzame Springinsfeld). Hier erhält der Springinsfeld dann auch zum ersten Mal seine sprichwörtliche Unbekümmertheit und seinen naiven Leichtsinn.

Ulknudel
ein lustiger, komischer Mensch

In der Zeit nach dem Zweiten Weltkrieg ist im deutschen Fernsehen ein ganz neuer Typus Mensch entstanden, den es vorher so noch nicht gab: die Ulknudel. Dabei handelte es sich meist um eine Frau, seltener auch einen Mann, die oder der durch seine besondere Art von Humor von sich reden machte. Dieser Humor ist nahe an dem angesiedelt, was man gemeinhin als „Ulk", „Quatsch" oder auch „Nonsens" bezeichnet. Vater aller Ulknudeln war höchstwahrscheinlich der begnadete Film- und Fernsehkomiker Heinz Erhardt, aber auch Komiker wie Dieter Hallervorden und Komikerinnen wie Gaby Köster oder Hella von Sinnen können getrost zu den ganz großen Ulknudeln gezählt werden. Heute werden die Ulknudeln, deren Namensbestandteil „Nudel" wohl nur wegen des so gut zum „Ulk" passenden „u" zu Ehren gekommen ist, neudeutsch als „Comedians" oder als „Stand-Up-Comedians" bezeichnet. An der Art ihres meist eher direkten Humors hat sich aber dadurch in der Regel nichts geändert.

Zappelphilipp
ein hyperaktives Kind

Ein weiterer Charakter aus dem Erziehungsratgeber „Struwwelpeter" des Frankfurter Arztes Heinrich Hoffmann war der Zappelphilipp, eine Art Gegenstück zu dem verträumten, sanftmütigen und unaufmerksamen *Hansguckindieluft*. Während dieser seine Umwelt gar nicht wahrzunehmen scheint und ganz in sich versunken ist, kann der *Zappelphilipp* seine Umwelt nie in Ruhe lassen. Nie kann er still sitzen und ständig wippt er bei Tisch auf seinem Stuhl herum. Als er dann endlich mitsamt seinem Stuhl zu Boden fällt, reißt er dabei die Tischdecke und all die Speisen und Getränke sowie das Porzellan und Besteck mit sich und verursacht damit ein heilloses Durcheinander und einen nicht unbeträchtlichen materiellen Schaden. Für manche Kinderpsychologen gilt die Geschichte vom Zappelphilipp als älteste Beschreibung eines Kindes mit dem verbreiteten Aufmerksamkeitsdefizit- und Hyperaktivitätssyndrom ADHS.

Zugehfrau
eine Hausangestellte

In früheren Jahrhunderten, als es noch kein Telefon, keinen elektrischen Strom und folglich auch keine elektrischen Haushaltsgeräte gab, waren für die Bewältigung der Aufgaben in einem großen Haushalt eine Menge Hausangestellte nötig. Nachrichten mussten überbracht werden, Besorgungen erledigt, es musste gekocht, geputzt und gewaschen werden, Kinder und Alte mussten versorgt und beaufsichtigt werden und noch vieles mehr. Ein Teil der Hausangestellten musste stets anwesend sein, weil sich ihre Tätigkeiten nicht immer von vornherein planen ließen. Zu diesem Personenkreis gehörten etwa die Dienstboten. Deshalb wohnten diese in der Regel fest im Hause ihrer Arbeitgeber und waren damit rund um die Uhr verfügbar. Andere Hausangestellte mit besser planbaren Aufgaben mussten nicht mit im Haushalt leben, sondern hatten eine eigene Wohnung. Sie kamen für die Wahrnehmung ihrer Aufgaben sozusagen dazu – so entstand der Begriff *Zugehfrau*, der aber schon seit dem Zweiten Weltkrieg kaum noch verwendet wird. Übrigens: Es gab natürlich auch den *Zugehmann*.

Kapitel **2**

Menschentypen II

Typen, denen man lieber
nicht begegnen möchte

Von Hornochsen
und Schwerenötern

Beleidigte Leberwurst
ein grundlos eingeschnappter Mensch

Früher konnten Leberwürste sogar frei herumlaufen – zumindest in der sprichwörtlichen Redensart als *Beleidigte Leberwurst*. Wer jemand anderen so bezeichnete, wollte damit in ironischer Weise allerdings vor allem zum Ausdruck bringen, dass der Gemeinte grundlos eingeschnappt und beleidigt war. Er spielte dann die beleidigte Leberwurst, zog sich in sein stilles Kämmerlein zurück und erwartete, dass alle Welt sich demütigst bei ihm entschuldigen kam. Aber warum musste ausgerechnet die gute alte Leberwurst für die Bildung dieser Redensart herhalten? Ein Grund liegt in den medizinischen Ansichten der Antike und des Mittelalters, die davon ausgingen, dass die Emotionen und insbesondere Zorn und Wut des Menschen in seiner Leber gebildet werden. Die defätistische Bezeichnung des Menschen als „Wurst" kam dann allerdings erst im 19. Jahrhundert hinzu, als das geflügelte Wort groß in Mode kam.

Drückeberger
ein pflichtvergessener oder fauler Mensch

Als *Drückeberger* wurde früher jemand bezeichnet, der sich der Ausführung von Tätigkeiten oder der Übernahme von Pflichten entzog. Vor allem in der Arbeitswelt spielte der Begriff lange Zeit eine größere Rolle. Hier führte das Phänomen der Arbeitsverweigerung einzelner Angestellter und ihrer Auswirkungen auf den Gesamtbetrieb sogar zur wissenschaftlichen Erforschung bestimmter Arbeitsprozesse und zur Bildung entsprechender Theorien. Besonders häufig wurde der Begriff *Drückeberger* in der zweiten Hälfte des 20. Jahrhunderts in Bezug auf die staatsbürgerlichen Pflichten angewendet, insbesondere hinsichtlich der damals noch bestehenden Wehrpflicht bei der Bundeswehr. Hier wurden vor allem die Wehrdienstverweigerer als *Drückeberger* diffamiert, obwohl sie als Ersatz für den Wehrdienst einen meist zeitlich längeren Zivildienst leisten mussten.

Falscher Fuffziger

ein nicht vertrauenswürdiger Mensch

Wer im 20. Jahrhundert als *Falscher Fuffziger* bezeichnet wurde, konnte darauf wirklich nicht stolz sein, denn anscheinend hielten ihn seine Mitmenschen für einen Schwindler, Betrüger oder allgemein einen aus sonstigen Gründen nicht vertrauenswürdigen und folglich besser zu meidenden Menschen. Wann und wo diese Redewendung entstanden ist, kann heute nicht mehr genau geklärt werden. Klar scheint zu sein, dass es sich bei dem „Fuffziger" um ein Geldstück handelte. Manche Menschen gehen davon aus, dass der Begriff in den 1930er-Jahren in Österreich entstanden ist, als man ein 50-Groschen-Stück einführte, das dem Schilling (=100 Groschen) zum Verwechseln ähnlich war. Doch auch die Fehlprägung des 50-Pfennig-Stücks von 1950 mit der Aufschrift „Bank Deutscher Länder" könnte hier eine Rolle spielen, denn unter Sammlern war dieses schnell so wertvoll, dass es häufig gefälscht wurde.

Halodri

ein windiger, unzuverlässiger Mensch

Ursprünglich aus dem süddeutschen und österreichischen Raum stammte der Begriff *Halodri*. Wer so bezeichnet wurde, hatte in der Regel durch sein windiges und als unzuverlässig empfundenes Wesen sein Teil dazu beigetragen. Im Gegensatz zu so mancher noch stärker abwertenden Bezeichnung schwingt im *Halodri* aber auch oft etwas Anerkennendes mit. Der Halodri ist kein schlimmer Gauner, an materiellem Vorteil ist er nicht interessiert. Seine Unzuverlässigkeit offenbart sich eher im zwischenmenschlichen Bereich, und hier besonders in der Liebe, in der er beispielsweise nicht besonders treu ist und zu Eskapaden in Form von sexuellen Seitensprüngen neigt. So ist der Halodri auch oft gleichzeitig ein Schürzenjäger. Der Begriff *Halodri* leitet sich höchstwahrscheinlich vom altgriechischen „Allotria" ab, was so viel wie „Narretei" oder „Unsinn" bedeutet.

Herzensbrecher

ein sexueller Abenteurer

Ähnlich dem Halodri ist auch der Herzensbrecher eine sehr wenig vertrauenswürdige Person – vor allem, wenn es um die Liebesangelegenheiten zwischen den Geschlechtern geht. Der Herzensbrecher ist nämlich keinesfalls auf den Aufbau einer dauerhaften Beziehung bedacht, sondern sucht in erster Linie den Flirt und das schnelle sexuelle Abenteuer. Danach erlischt sein Interesse oft schlagartig, zurück bleibt ein „gebrochenes Herz". Der Begriff geht in seiner Bildung sogar noch auf die Vorstellungswelt der Antike und des Mittelalters zurück, in der man das menschliche Herz als Träger starker Gefühle wie der Liebe, aber auch der Angst ansah. Große Popularität erlangte der Begriff in der ersten Hälfte des 20. Jahrhunderts, als – zunächst im Theater, später auch im Film – die Rolle des gewissenlosen, jugendlichen Liebhabers äußerst beliebt wurde. Am bekanntesten wurde in dieser Rolle 1938 Heinz Rühmann mit seinem Schlager: „Ich brech die Herzen der stolzesten Frauen".

Hornochse

ein besonders einfältiger oder dummer Mensch

Im Gegensatz zum vitalen, starken, aggressiven und gefürchteten Stier oder Bullen gilt seine kastrierte Version, der Ochse, seit jeher redensartlich als Sinnbild für Duldsamkeit, Trägheit, Einfalt und Dummheit. Wenn also jemand als Ochse bezeichnet wurde, war allein dies schon eine massive Beleidigung. Aber wie kommen denn jetzt die Hörner ins Spiel? Hörner hat der Ochse doch sowieso, das macht ihn ja nicht automatisch noch dümmer. Der Begriff bezieht sich denn auch gar nicht auf die echten Hörner, die der Ochse auf dem Kopf trägt, sondern auf die alte Redensart *Jemandem Hörner aufsetzen*. Der Hornochse ist also so dumm, dass er es noch nicht einmal merkt, wenn er vor aller Augen betrogen wird. Dahinter steckt die Vorstellung, dass einem von seiner Frau sexuell betrogenen Ehemann Hörner aus der Stirn wachsen. Heute findet man dies noch in der Symbolik einer Faust mit abgespreiztem Zeigefinger und kleinem Finger.

Hundsfott

ein niederträchtiger, feiger Mensch

Eine besonders derbe und grobe Beleidigung der vergangenen Jahrhunderte war *Hundsfott*. Wer so beschimpft wurde, galt dem Beleidigenden anscheinend moralisch noch verrotteter, als es gängige Beleidigungen wie *Dreckskerl* oder *Schuft* zum Ausdruck bringen konnten. Damit war *Hundsfott* eine der schwersten Beleidigungen überhaupt. In der Mehrzahl lautete die Beleidigung *Hundsfötter*. Der Begriff bezieht sich auf die äußeren Geschlechtsorgane einer Hündin. Seit dem 16. Jahrhundert war er sehr gebräuchlich. Er hat auch Eingang in die Literatur gefunden, indem der große Dichter Friedrich Schiller seinen Räuber Spiegelberg das Wort mehrmals in den Mund legt. Aber es wurde durchaus nicht nur von Angehörigen der unteren Schichten verwendet. Bei dem Philosophen Johann Gottfried Herder wurde es sogar zu der Geisteshaltung *Hundsfötterei* erweitert. Bei den studentischen Burschenschaften des 19. Jahrhunderts galt *Hundsfott* als schwere Beleidigung der Burschenehre, die umgehend Satisfaktion verlangte.

Knilch

ein unangenehmer, aufdringlicher Mann

Das schöne alte Wort *Knilch* wurde – vornehmlich im 19. und 20. Jahrhundert – in mehreren Bedeutungen verwendet. Zum überwiegenden Teil bezeichnete man damit umgangssprachlich-salopp und abwertend einen aufdringlichen, unangenehmen oder in sonstiger Weise zu verachtenden Mann. Darüber hinaus gibt es aber auch noch die liebevoll-neckische Bezeichnung eines kleinen Jungen als *Knilch*. Wird man selbst – was heutzutage aber nur noch sehr selten vorkommt – als Knilch bezeichnet, sollte man auf jeden Fall wissen, dass es sich keinesfalls um ein Lob handelt. Das Wort kommt auch in der Abwandlung als *Knülch* vor. Seine Herkunft ist ungewiss, wird aber im Rotwelschen vermutet, der Vulgärsprache der gesellschaftlichen Randgruppen ab dem 17. Jahrhundert. *Knilch* und *Knülch* sollen von „knollicht" abstammen, was so viel bedeutet wie bäurisch, ungehobelt, ungeschliffen oder grob.

Lackaffe
eitler Geck, Schönling

Wer einen vor allem in der zweiten Hälfte des 20. Jahrhunderts häufig vorkommenden Lackaffen sehen wollte, musste dazu keineswegs in den nächsten Zoo gehen, sondern einfach nur auf der Straße die Augen gut aufhalten. Mit *Lackaffe* ist nämlich keiner unserer nahen Verwandten aus dem Tierreich gemeint, sondern umgangssprachlich abwertend ein übermäßig auf sein makelloses Äußeres bedachter Mann – man könnte also auch sagen, ein Stutzer, Geck oder Schönling. Woher der Begriff *Lackaffe* genau kommt, ist heute nicht mehr ganz klar. Möglicherweise handelt es sich um eine Verballhornung des älteren Begriffs *Laffe*, der im 18. Jahrhundert eigentlich einen wenig intelligenten jungen Menschen mit herabhängender Unterlippe und großem Interesse am Essen bezeichnet. Der „Lack" des „Affen" könnte sich auf die Verwendung von eleganten Lackschuhen beziehen, aber ebenso gut auch auf die Verwendung von Haarlack.

Linke Bazille
ein hinterlistiger, heimtückischer Mensch

Als im 19. Jahrhundert die ersten Krankheitserreger entdeckt wurden, bezeichnete man sie umgangssprachlich allesamt als Bazillen, egal ob es sich um Bakterien, Viren oder Amöben handelte. Schnell bürgerte sich das herabsetzende Schimpfwort von der *Linken Bazille* ein, wobei „links" von „linkisch, falsch" kommt, so wie auch „rechts" und „richtig" gleiche sprachliche Wurzeln haben. Nach dem Ersten Weltkrieg bekam der Begriff in der radikalisierten Gesellschaft schnell eine politische Dimension, indem er mit Sozialdemokratie, Sozialismus und Kommunismus gleichgesetzt wurde. Nun wurde er zum diffamierenden Begriff, indem alle politisch „links" denkenden Menschen als linke Bazillen bezeichnet und in der damals üblichen Art als Krankheitserreger dargestellt wurden, die die Gesellschaft mit dem Kommunismus infizieren wollten. Auch nach dem Zweiten Weltkrieg wurde der Begriff so benutzt, aber mit dem Ende des Kalten Krieges verlor er an politischer Brisanz.

Luftikus

ein unzuverlässiger, leichtsinniger Mensch

Im 19. Jahrhundert entstanden zahlreiche Wortneuschöpfungen durch eine scherzhaft gemeinte Schein-Lateinisierung deutschsprachiger Begriffe. In der Regel wurde dabei an ein deutsches Wort die lateinische männliche Standardendung -us oder die erweiterte Form -ikus (mit deutschem k statt lateinischem c) angehängt. Ein solcher Fall ist auch der *Luftikus*. Ab dem 19. und bis in die zweite Hälfte des 20. Jahrhunderts bezeichnete man umgangssprachlich und scherzhaft damit einen Menschen, der sich vor allem durch seine Unzuverlässigkeit und seine Hang zu leichtsinnigen Handlungen auszeichnete. Der Wortbestandteil „Luft" signalisiert, dass der Betreffende nichts besonders schwer im Sinne von ernst nimmt, dass für ihn alles so leicht ist wie Luft. Heute begegnet man dem Begriff vor allem noch als selbstironisch gemeinte Firmenbezeichnung von Unternehmen aus den Bereichen Fallschirmspringen, Segelsport, Ballonfahren usw.

Pfennigfuchser

ein übertrieben sparsamer oder geiziger Mensch

Wer seine Mitmenschen durch seine übertriebene Sparsamkeit oder seinen offen zur Schau gestellten Geiz verärgerte, wurde ab dem 18. Jahrhundert umgangssprachlich und abwertend als *Pfennigfuchser* tituliert. Dies war für den Betroffenen wenig schmeichelhaft – immerhin gilt der Geiz in der katholischen Theologie als ein Hauptlaster und eine der der Todsünden. Die Herkunft des Begriffs ist schnell erklärt: Der Pfennig war schon seit dem Mittelalter überall in Deutschland als Zahlungsmittel bekannt. Der zweite Wortteil „fuchsen" stammt aus dem 18. Jahrhundert und bedeutet so viel wie „ärgern", wie etwa in dem Satz: „Das fuchst mich jetzt aber!" Heute wird der Begriff so nicht mehr allzu häufig verwendet – immerhin gibt es ja derzeit in Deutschland den Pfennig als Zahlungsmittel gar nicht mehr. Allerdings nennen sich in unseren heutigen „Geiz-ist-geil"-Zeiten immer mehr Einzelhandelsgeschäfte mit besonders niedrigen Preisen „Pfennigfuchser".

Querulant
ein Nörgler, ein Besserwisser

Wer als Querulant bezeichnet wird, hat wahrscheinlich sehr wenig Freunde. Das Fatale ist, dass der notorische Querulant von vornherein davon ausgeht, dass die ganze Welt gegen ihn ist. Sein nörglerisches, besserwisserisches Verhalten entspringt der Tatsache, dass sich der Querulant stets von seinen Mitmenschen ungerecht behandelt fühlt. So führt diese Haltung in einer Art selbsterfüllenden Prophezeiung dazu, dass der Quertreiber am Ende tatsächlich so behandelt wird, wie er es von Anfang an immer behauptet hat. Der Begriff stammt vom lateinischen „querulus" ab, was so viel wie „der Klagende" bedeutet. Tatsächlich sind Querulanten vor Gericht ein Problem, das sie mit ihrer Klageflut den ganzen Apparat stark belasten. In der Zeit der nationalsozialistischen Diktatur konnte es lebensgefährlich werden, als Querulant dazustehen, war dies doch ein Straftatbestand, der zur Deportation in ein Arbeitslager führen konnte. Denn dies ist die Kehrseite: Menschen, die zurecht aufbegehren, werden von den Herrschenden gerne als Querulanten diffamiert.

Rattenfänger
ein Demagoge, ein politischer Extremist

Auf die weltberühmte Sage „Der Rattenfänger von Hameln" geht die Bezeichnung eines politischen Demagogen als Rattenfänger zurück. Wann genau die Sage entstanden ist, lässt sich nicht mehr rekonstruieren, überliefert wurde sie von den Gebrüdern Grimm. Angesiedelt ist sie im 13. Jahrhundert, in einer Zeit also, als die Ratten durch die Übertragung der Pest für die Menschen zu einem lebensbedrohlichen Problem wurden – auch wenn die Menschen dies damals selbst noch gar nicht wussten. Der Rattenfänger befreite die Stadt Hameln von der Rattenplage, und als die Stadtväter ihm seinen Lohn nicht auszahlten, entführte er die Kinder der Stadt auf Nimmerwiedersehen. Als herabsetzende Bezeichnung für Politiker wurde der Begriff in der Zeit nach dem Ersten Weltkrieg gebräuchlich, als sich in der Weimarer Republik die Politik drastisch radikalisierte und zunehmend von Demagogie gekennzeichnet wurde.

Schürzenjäger
ein sexueller Abenteurer

Wie der Herzensbrecher ist auch der Schürzenjäger nur auf eines bedacht: Sex! Im Gegensatz zur eher respektvollen Bezeichnung *Herzensbrecher* ist der umgangssprachliche Begriff *Schürzenjäger* eher abwertend gemeint, da der Schürzenjäger von einem beinahe manischen Zwang getrieben wird und dadurch immer wieder in peinliche Situationen gerät – vor allem, wenn er keinen Erfolg hat und sein „Opfer" ihn abblitzen lässt. Im 18. Jahrhundert wurde der Begriff „Schürze" als Bezeichnung eines typisch weiblichen Kleidungsstückes allmählich zum Synonym für *Frauenzimmer*. So bekommt das Wort *Schürzenjäger* – wie übrigens auch der *Frauenheld* – eine leicht ironische Komponente: Während die „richtigen" Jäger bei Wind und Wetter draußen waren und es mit Wolf, Bär und Luchs aufnahmen, stellte der Schürzenjäger im wohligen Heim den Frauen nach. Die Motivation des Schürzenjägers wird heute unter dem Begriff „Sexsucht" diskutiert.

Schwerenöter
ein charmanter, aber durchtriebener Mensch

Die noch im 20. Jahrhundert gebräuchliche Bezeichnung eines charmanten, aber durchtriebenen Menschen als *Schwerenöter* war thematisch zwischen dem Schürzenjäger und dem Herzensbrecher anzusiedeln. Dabei war das nicht immer so, denn in früheren Zeiten bezeichnete man jeden Mann, der seinen Charme gewinnbringend einzusetzen vermochte, etwa um seine Ziele zu erreichen, als Schwerenöter. Der Begriff wird auf die „Schwerenot" zurückgeführt, wie man im 17. Jahrhundert die Epilepsie bezeichnet. Da man glaubte, dass diese Fallsucht auf eine Verwünschung oder auf einen Fluch zurückging, wurde als Schwerenöter zunächst jemand bezeichnet, der viel fluchte. Im 18. Jahrhundert wandelte sich die Bedeutung, nun war der Schwerenöter selbst der Verfluchte. Im 19. Jahrhundert erlangte der Begriff *Schwerenöter* dann allmählich seine endgültige Bedeutung.

Sensenmann
der Tod

Wenn der Sensenmann an der Tür klopft, ist es Zeit, Lebewohl zu sagen, denn bei ihm handelt es sich um keinen Geringeren als den leibhaftigen Tod. Die Vorstellung des personifizierten Todes als *Sensenmann* oder *Schnitter* stammt bereits aus der Antike und taucht schon im Alten Testament der Bibel auf, wo es bei Jeremia heißt: „Die Leichen der Menschen sollen liegen wie Dung auf dem Felde und wie Garben hinter dem Schnitter, die niemand sammelt" (Jer 9, 21). Im Mittelalter setzte sich die Vorstellung vom personifizierten Tod auf breiter Front durch und wurde sehr populär (*Gevatter Tod*). Wahrscheinlich ab dem 13. Jahrhundert wurde der Tod in Buchmalereien als Schnitter mit einer langstieligen Sense dargestellt. Später bekam er dann ein Stundenglas hinzu als Symbol der unaufhörlich verrinnenden Lebenszeit. In jüngerer Zeit wurde er meist mit einem langen, alles verhüllenden Umhang und mit einer leeren Kapuze dargestellt.

Tunichtgut
ein viel Schabernack treibender, nichtsnutziger Mensch

Eigentlich erklärt sich der Begriff von selbst: Jemand, der nichts Gutes tut, ist ein Tunichtgut. Der Begriff ist bei seiner Entstehung aus seinen drei Bestandteilen „tun", „nicht" und „gut" zu einem neuen Substantiv zusammengezogen worden („Kompositum"), vergleichbar auch mit dem thematisch sehr eng verwandten *Nichtsnutz*. Vom 17. bis ins 20. Jahrhundert hinein wurde der Begriff *Tunichtgut* noch häufig verwendet, und zwar mit zwei leicht unterschiedlichen Bedeutungen. Im schlimmeren Fall konnte damit ein leicht krimineller Mensch gemeint sein, etwa ein Dieb oder kleiner Betrüger. Bei diesem besaß der Tunichtgut ähnlich dem *Nichtsnutz* natürlich eine herabsetzende Bedeutung. Der Begriff konnte aber auch scherzhaft gemeint sein, beispielsweise bei jemandem, der anderen gerne Streiche spielte oder zu sonstigem Schabernack neigte. Bei diesem Tunichtgut handelte es sich oft um einen jüngeren Menschen, meist in jugendlichem Alter.

Unsicherer Kantonist
ein unzuverlässiger Mensch

Wer bei dem Begriff *Kantonist* an die Schweiz denkt, liegt schwer daneben. Als Kantonisten bezeichnete man nämlich ab dem 18. Jahrhundert eine bestimmte Art von Soldaten, die sich dem Militärdienst nicht freiwillig gestellt haben und die aber auch nicht zu den gedungenen Söldnern gehörten. Sie stammten aus dem eigenen Land – beispielsweise aus Preußen – und können im Grunde genommen als Dienstpflichtige betrachtet werden. Es gab aber keine andere Möglichkeit als den Militärdienst, um diese Dienstpflicht zu erfüllen, also handelte es sich letztlich um eine Form der Wehrpflicht. Da diese Zwangsverpflichteten nicht aus Überzeugung kämpften, besaßen sie kaum eine Motivation für den Kriegsdienst. Wenn es also im Gefecht hart auf hart kam, konnte man sich auch nicht unbedingt hundertprozentig auf sie verlassen, sie galten dann als *Unsichere Kantonisten*. Im Laufe der Zeit ist der Begriff im 19. Jahrhundert sprichwörtlich geworden und wurde bis ins 20. Jahrhundert hinein zur Charakterisierung eines unzuverlässigen Menschen gebraucht.

Vaterlandsloser Gesell
ein unpatriotischer, pflichtvergessener Mensch

Den Begriff *Vaterlandsloser Gesell* haben wir Kaiser Wilhelm I. zu verdanken, der nach der Gründung des Deutschen Reiches die politisch links denkenden Teile der Arbeiterklasse mit diesem Schimpfwort belegte, insbesondere die Sozialdemokraten, gegen die sich 1878 auch die Sozialistengesetze Otto von Bismarcks richteten. Mit dem herabsetzenden Ausdruck sollte der Eindruck erweckt werden, den Betroffenen seien Sozialismus und Internationalismus wichtiger als das eigene Vaterland. Besondere Brisanz bekam der Begriff dann mit dem Ausbruch des Ersten Weltkriegs. In der 1930er- und 1940er-Jahren diffamierte man auch Juden als vaterlandslose Gesellen. Nach dem Zweiten Weltkrieg waren es wieder Sozialdemokraten und Kommunisten, die sich als vaterlandslos beschimpfen lassen mussten. Nach dem Ende des Kalten Kriegs begann die politische Aktualität des Begriffs allmählich zu verblassen.

Kapitel 3

Redensarten und Redewendungen

Klappe zu, Affe tot!

Mit der Arschkarte
auf Wolke sieben

Mehr Angst als Vaterlandsliebe

sehr ängstlich

Ist jemand vom grundsätzlichen Wesen seines Charakters ein sehr ängstlicher Typ, dann sagte man früher häufig scherzhaft, dass diese Person mehr Angst als Vaterlandsliebe hat. Die Redewendung kommt aus dem soldatischen Bereich. In jeder Schlacht musste der Soldat seine Angst vor Niederlage, Verwundung oder Tod von Neuem bekämpfen und überwinden, sonst konnte ihm schlimmstenfalls vor dem Kriegsgericht „Feigheit vor dem Feind" vorgeworfen werden. Als Motiv für die Überwindung seiner Angst sollte ihm dabei die „Vaterlandsliebe" dienen. Dieses altertümliche Wort stammt noch aus obrigkeitsstaatlichen Zeiten und wird heute wohl eher durch „Patriotismus" oder „Nationalstolz" ersetzt. Allerdings waren diese Begriffe nach dem Ende des Zweiten Weltkriegs zunächst längst nicht mehr so populär wie in den vergangenen Jahrzehnten zuvor. Vielleicht ist dies auch ein Grund, warum die Redensart in den letzten 60 Jahren nur noch wenig gebraucht wird.

Hastenichtgesehen

im Handumdrehen, im Nu

Eine überraschend schnelle Handlung einer Person oder Entwicklung einer Angelegenheit wurde früher häufig mit der Wendung *Hastenichtgesehen* kommentiert, etwa in der Art: „Er sprang in die Menge und hastenichtgesehen war er verschwunden", oder: „Sie heirateten und hastenichtgesehen wurde sie Mutter!" Wann und wo genau diese Redensart entstanden ist, kann kaum noch geklärt werden, aber fest steht, dass es sie in regional unterschiedlichen Ausprägungen gab. Neben dem genannten *Hastenichtgesehen*, das durch die Zusammenziehung von „hast" und „du" zu „haste" als Ursprung möglicherweise der berühmten „Berliner Schnauze" zuzuordnen ist, gab es auch die weniger schnoddrige Form *Hast du nicht gesehen*. Ähnliche Lautverschiebungen findet sich auch in den Redewendungen *Haste, was kannste* oder *Haste was, biste was!* Heute findet sich *Hastenichtgesehen* nur noch regional und gelegentlich auch scherzhaft als Firmenname.

Von anno Tobak

sehr alt

Über sehr alte Gegenstände sagte man früher: „Das ist doch von anno Tobak!"
Das ist eine Verballhornung der altertümlichen Jahresangabe mit dem Zusatz
„anno domini", was so viel bedeutet wie „im Jahre des Herrn". Der Begriff *Tobak*
wiederum ist eine alte Form des Wortes „Tabak". Er geht auf die Zeit zurück, als
diese Pflanze zum ersten Mal entdeckt wurde. Ihr Name ist von der Karibikinsel
Tobago abgeleitet, aus dem im Deutschen dann „Tobak" und später „Tabak"
wurde. *Anno Tobak* meint damit also, dass etwas aus einer Zeit stammt, in der
man zu Tabak noch Tobak sagte. Man konnte die Redensart natürlich auch auf
Menschen anwenden, aber das war weniger gebräuchlich. Es haben sich auch
andere Kombinationen mit „anno" etabliert, etwa *Anno dazumal*, *Anno dunnemals*
oder in Österreich *Anno Schnee*. Heute kennt den Ausdruck *Anno Tobak* zumindest bei den jungen Leuten kaum noch jemand. Für sie ist *Anno Tobak* selbst anno Tobak.

Sich etwas hinter die Ohren schreiben

sich etwas ganz fest merken

Wird man aufgefordert, sich etwas hinter die Ohren zu schreiben, sollte man
sich dies ganz fest merken, denn sonst könnte man ernste Konsequenzen erwarten. Meist wurde diese Redewendung früher im Rahmen einer Kritik oder Rüge
verwendet und war mit einer ganz klaren Forderung verknüpft, die man für die
Zukunft zu erfüllen hatte, etwa eine Verhaltensänderung. Die Redensart ist
schon sehr alt, und ihre Entstehung hat einen rabiaten und aus heutiger Sicht
pädagogisch äußerst fragwürdigen Hintergrund. Wenn nämlich im Mittelalter
bei Grundstücksgeschäften die Grenzen festgelegt wurden, holte man seine Kinder hinzu, lief die Grenzen ab und ohrfeigte den Nachwuchs bei jedem Grenzpunkt kräftig. Dadurch sollten sie sich noch Jahrzehnte später an den genauen
Grenzverlauf erinnern. Auch bei Gelübden waren solche Ohrfeigen üblich, um
die Erinnerung zu stärken. Zum Glück sind diese Zeiten vorbei, aber leider ist
auch das Sprichwort aus der Mode gekommen.

Starker Tobak!
eine Zumutung, sehr unangenehm sein

Tobak ist ein altertümliches Wort für Tabak. Wer jemals geraucht hat, der weiß, dass es Tabak gibt, der so stark ist, dass man ihn kaum noch rauchen kann. Dieser starke Tobak wurde zum geflügelten Wort und bezeichnete sinnbildlich etwas sehr Unangenehmes oder eine Zumutung, die einem seitens eines anderen zuteil geworden ist. Die meisten Sprachforscher führen diese Redensart auf eine alte Legende zurück. In dieser begegnete ein Jäger mit seinem Gewehr dem Teufel. Satan kannte damals noch keine Schießgewehre und fragte den Jäger, was dieser denn da in seiner Hand halte. Der listige Jäger gab daraufhin seine Flinte für eine Tabakspfeife aus und fragte den Teufel, ob er nicht einmal einen Zug davon nehmen wolle. Begeistert stimmte der Teufel zu, doch als er zur Tat schritt, drückte der Jäger ab und jagte dem Teufel eine feurige Ladung Bleischrot um die Nase. Dies kommentierte der Leibhaftige mit den Worten: „Das ist aber starker Tobak!"

Frech wie Oskar!
besonders frech

Gegen Ende des 19. Jahrhunderts tauchte in Berlin die Formulierung *Frech wie Oskar!* auf, die man immer dann verwendete, wenn man betonen wollte, dass irgendjemand besonders frech war. Sie verbreitete sich dann rasend schnell im gesamten preußischen Raum. Bis heute weiß man nicht genau, wer oder was hinter diesem frechen Oskar eigentlich genau steckt. Einige Sprachforscher meinen, dass es sich gar nicht um jemand Bestimmten gehandelt habe, sondern dass „Oskar" genau wie jener ominöse „Bolle" in der eng verwandten Redensart *Frech wie Bolle* einfach nur ein Allerweltsname sei. Dafür spricht, dass es beide Redewendungen auch mit „stolz" als *Stolz wie Oskar* und *Stolz wie Bolle* gibt. Andere Forscher sehen in jenem frechen Oskar den scharfzüngigen Theaterkritiker Oscar Blumenthal aus Berlin, wieder andere den berüchtigt frechen Jahrmarktverkäufer Oscar Seifert aus Leipzig. Schließlich leiten manche den Oskar vom jiddischen „ossoker" ab, was ebenfalls „frech" bedeutet.

Nicht alle Tassen im Schrank

nicht ganz richtig im Kopf

Wenn jemand zu einem sagt, dass man nicht alle Tassen im Schrank habe, darf man das durchaus als unfreundlichen Akt auffassen, denn dabei handelt es sich um eine handfeste Beleidigung, mit der der eigene Geisteszustand massiv angezweifelt wird. Bei den Tassen soll es sich nach der Auffassung mancher Gelehrter ursprünglich nicht um die allseits bekannten Trinkgefäße handeln, sondern um eine Verballhornung des jiddischen Wortes „toshia", das so viel wie „Verstand" bedeutet. Die lautmalerische Verbindung zum Trinkgefäß war ein Zufall, der aber vielleicht gewollt war und vor allem durch die Bezeichnung des Oberstübchens als „Schrank" weidlich genutzt wurde. Dies gilt auch für die Redensart *Sprung in der Tasse*, bei der der Volksmund noch einen Schritt weiterging und durch die Umformung in *Sprung in der Schüssel* ganz auf Porzellan umschwenkte, wodurch die ursprüngliche Herkunft aus dem Jiddischen verwischt wurde.

Auf dem falschen Dampfer

im Irrtum

Wer auf dem falschen Dampfer ist, fährt irgendwohin, wo er gar nicht hin will. Umgangssprachlich ist damit gemeint, dass jemand einem Irrtum unterliegt oder in einer bestimmten Angelegenheit eine völlig falsche Strategie verfolgt, die ihn nicht zum Ziel bringen wird. Ob mit dem Dampfer ein Dampfschiff oder ein Dampfzug gemeint ist, geht aus der Formulierung nicht hervor und kann auch heute nicht mehr geklärt werden. Einen Unterschied machen würde es schon: Sitzt man beispielsweise auf einem falschen Dampfschiff, kann man diesen Fehler möglicherweise bis zum Ziel gar nicht mehr korrigieren, wenn vorher kein Hafen mehr angelaufen wird. Hat man dagegen nur den falschen Dampfzug gewählt, kann man immerhin am nächsten Bahnhof aussteigen und seinen Irrtum korrigieren. Die Redensart *Auf dem falschen Dampfer sein* muss irgendwann im 19. Jahrhundert entstanden sein, als die Dampfmaschine groß in Mode kam. Heute gibt es kaum noch Dampfschiffe und Dampflokomotiven, und folglich gerät auch die Redewendung immer mehr in Vergessenheit.

Das kommt nicht in die Tüte!

das kommt nicht in Frage, auf gar keinen Fall

Nein, die Redewendung *Das kommt nicht in die Tüte* stammt nicht vom Einkaufen, auch wenn es sich zunächst vielleicht so anhört. Diese Erklärung wäre zu einfach, zumal das Sprichwort aus einer Zeit stammt, in der man noch gar nicht mit Einkaufstüten herumlief, gleich aus welchem Material. Man vermutet, dass diese Redensart im 19. Jahrhundert entstanden ist. Über die genaue Herkunft jedoch schweigen die Quellen, hier sind – wie so oft – nur Vermutungen möglich, die sich an Plausibilitäten orientieren. Wahrscheinlich stammt das Wort „Tüte" von dem niederländischen „Tute" ab, was so viel wie „Trichter" bedeutet, ein Utensil, mit dessen Hilfe man Flüssigkeiten oder lose Dinge wie etwa Getreidekörner abmessen und in Behältnisse wie Fässer abfüllen konnte. Kam dabei etwas anderes in die Tüte, wurde der Inhalt des Behälters dadurch verunreinigt. Deshalb war es wichtig, dass bestimmte Dinge nicht in die Tüte kommen durften.

Ich kenne doch meine Pappenheimer!

genau wissen, wo die Stärken und Schwächen bestimmter Personen liegen

Verhalten sich Personen in einer bestimmten Situation genauso, wie man selbst es erwartet hätte, sagte man früher gerne: „Ich kenne doch meine Pappenheimer!" Man führt den Ausspruch heute allgemein auf den großen deutschen Dichter Friedrich Schiller zurück, der in seinem Drama „Wallensteins Tod" den großen kaiserlichen Feldherrn Wallenstein im 15. Auftritt des 3. Aufzugs anerkennend sagen lässt: „Daran erkenne ich meine Pappenheimer." Das Regiment des Generals Gottfried Graf zu Pappenheim galt im Dreißigjährigen Krieg als besonders mutig und treu. Im weiteren Verlauf unterlag auch diese Redensart einem gewissen Bedeutungswandel. Wurde es nämlich im Original von Schiller als Ausdruck höchster Wertschätzung Wallensteins für die Pappenheimer verwendet, benutzte man es später auch umgangssprachlich, scherzhaft und herabsetzend für die schlechten Eigenschaften und Fehler bestimmter Menschen. Allerdings weiß vor allem bei den jungen Menschen heute kaum noch jemand, was es mit den Pappenheimern auf sich hatte.

Aus allen Wolken fallen
eine böse Überraschung erleben

In der Vorstellungswelt der Menschen waren die Wolken schon immer der Sitz von Glückseligkeit und Sorgenlosigkeit. War man verliebt, schwebte man auf „Wolke sieben", um nur ein Beispiel zu nennen. Im Christentum wird das zu erwartende Paradies vom Volksmund im Himmel angesiedelt, und das ist schließlich ebenfalls dort, wo die Wolken sind. Aber auch schon vorchristliche Kulturen haben einen ähnlichen Zusammenhang hergestellt, etwa die alten Griechen. Hier ließ bereits vor über 2400 Jahren der Dichter Aristophanes die Vögel in seiner gleichnamigen Komödie das berühmte *Wolkenkuckucksheim* bauen. Im 16. Jahrhundert entstand daraus der Begriff *Luftschloss*. Beide Begriffe bezeichnen ein Leben in der Phantasie ohne Realitätssinn. Wenn jemand nun durch eine unvorhergesehene und vor allem unangenehme Überraschung in die Realität zurückgeholt wird, dann sagte man früher: „Er fällt aus allen Wolken!" Seit der zweiten Hälfte des 20. Jahrhunderts ist die Redewendung immer weniger im Gebrauch.

Bauklötze staunen
sehr verwundert sein

„Wat jlotzte so?" Diese Satz in original Berliner Schnauze könnte die Lösung des Rätsels sein, warum manche Leute manchmal Bauklötze staunen. Diese Redensart verwendete man umgangssprachlich häufig im 20. Jahrhundert, wenn man über etwas besonders verwundert war. Entstanden ist sie nachweislich in der Zeit zwischen den beiden Weltkriegen in Berlin. Vorher sagte man bei einem Anfall höchster Verwunderung: „Jlotzoogen machen", was so viel wie „Glotzaugen machen" bedeutete. Später entfielen in der schnoddrigen Berliner Art die „Oogen", sodass man verkürzt nur noch sagte: „Jlotzen machen". Aus diesen „Jlotzen" wurden über den Umweg „Klotzen" dann schließlich die „Klötze". Warum diese sich dann allerdings ausgerechnet in „Bauklötze" verwandelt haben, ist unklar. Als mögliche Erklärung könnte hier einfach die Freude des Volksmundes an der Verballhornung dienen, die ja auch an vielen anderen Stellen zutage tritt. Genauso wie Bauklötze heute eher out sind, ist es auch diese schöne Redensart.

Keinen Pfifferling wert sein

wertlos sein

Wenn man in früheren Jahrhunderten zu jemandem sagte, er oder sie sei „keinen Pfifferling wert", dann war das eine harte Beleidigung, denn man gab der betreffenden Person damit zu verstehen, dass man sie für wertlos hielt. Dasselbe galt für Gegenstände, deren Wertlosigkeit man ebenfalls durch den Vergleich mit dem Pfifferling zum Ausdruck brachte. Ob mit dem Pfifferling allerdings tatsächlich der kleine, hellbraune und äußerst schmackhafte Pilz gemeint war, ist bis heute nicht ganz genau geklärt. Die Tatsache, dass der Pfifferling – wie die meisten Pilze – im Spätsommer und Frühherbst in großen Massen auftritt, scheint für diese Theorie zu sprechen. Ironischerweise haben sich die Zeiten so geändert, dass Pfifferlinge heute zu den wertvollsten Pilzen überhaupt gehören. Eine andere, von vielen Forschern heute favorisierte Theorie führt den „Pfifferling" auf das Fünf-Pfennig-Stück zurück, das im badischen und schwäbischen Dialekt im 19. Jahrhundert „Pfifferle" hieß.

Man hat schon Pferde kotzen sehen

Nichts ist unmöglich.

Manchmal ist sich jemand einer Sache so sicher, dass er es für unmöglich hält, dass es eventuell unter gewissen Umständen vielleicht doch anders kommen könnte. Wollte man früher jemanden darauf hinweisen, dass nichts unmöglich ist und es – vor allem, wenn man sich seiner Sache so sicher ist – immer eben doch anders kommen kann, sagte man: „Man hat schon Pferde kotzen sehen!" Der Ursprung dieses wahrscheinlich im 19. Jahrhundert entstandenen umgangssprachlichen Ausspruchs liegt in der Anatomie der Pferde begründet. Diese haben nämlich einen so starken Schließmuskel am Magen, dass sie tatsächlich nicht erbrechen können – außer bei besonders schweren Erkrankungen genau dieses Muskels. Sollte man also ein Pferd erbrechen sehen, würde man Zeuge, wie das scheinbar Unmögliche wahr wird. Zur Verstärkung der ohnehin schon derben Redensart gab es noch die Abwandlung: „Man hat schon Pferde kotzen sehen, und das vor der Apotheke!" Heute sieht man – zumindest im Vergleich mit der Zeit, in der die Redewendung entstanden ist – kaum noch Pferde durch Ortschaften traben, und auch der Ausspruch wird kaum noch benutzt.

Von Tuten und Blasen keine Ahnung haben

absolut keine Ahnung haben

Wer von Tuten und Blasen keine Ahnung hat, der hat wirklich absolut von nichts eine Ahnung und ist völlig inkompetent. Heute hört man diese schöne, schon sehr alte Redewendung kaum noch. In der Sprache der jungen Generation sagt man eher, jemand hat „null Ahnung". Die Redensart *Von Tuten und Blasen keine Ahnung haben* ist wohl um 1600 entstanden. Das Wort „Tute" stammt aus dem Niederländischen und bezeichnete ursprünglich einen Trichter, später dann ein einfaches, trichterförmiges Blasinstrument, dem man oft nur einen einzigen Ton entlocken konnte. Es wurde zum Warninstrument der städtischen Nachtwächter, einem wenig angesehenen Berufsstand. Dies lag daran, dass man zum Nachtwächter nur eine geringe Qualifikation benötigte. Man musste ja einfach nur nachts wachbleiben können und bei Bedarf in seine Tute blasen und damit Alarm geben. Wer selbst das nicht konnte, der hatte wirklich von Tuten und Blasen keine Ahnung und galt als dumm.

Bahnhof verstehen

nichts verstehen

„Ich versteh' nur Bahnhof!" Wer das sagt, tut damit kund, dass er keine Ahnung von dem hat, worüber gerade gesprochen wurde. Die Redewendung ist wahrscheinlich zu Beginn des 20. Jahrhunderts entstanden und war nach dem Ersten Weltkrieg vor allem in Berlin, aber auch im restlichen Preußen absolut im Trend. Ihre Herkunft ist unklar, aber wie so oft gibt es auch hier einige Theorien. So viel steht fest: Entstehung und Aufstieg der Redensart ist eng mit dem Siegeszug der Eisenbahn verknüpft, die in Deutschland damals sowohl militärisch wie auch wirtschaftlich absolut lebenswichtig war. Viele Leute waren vor einer Reise so aufgeregt, dass sie an nichts anderes mehr denken konnten. Dies traf vor allem für die Soldaten im Ersten Weltkrieg zu, für die der Feldbahnhof gleichbedeutend mit der Fahrt in die Heimat war. Zudem waren die Bahnhöfe damals mit den schnaubenden, zischenden und puffenden Dampflokomotiven sehr laut, sodass man auf dem Bahnsteig außer den ohrenbetäubenden Bahnhofsgeräuschen nichts anderes hören konnte.

Jemandem die Würmer aus der Nase ziehen müssen

jemandem mühsam eine Information entlocken

Die wenig appetitliche Redewendung *Jemandem die Würmer aus der Nase ziehen müssen* verwendete man früher, wenn man jemanden, der sich verstockt oder maulfaul gab, zu jeder Information oder sogar zu jedem einzelnen Detail einer Information extra noch einmal fragen musste, weil der Gefragte von sich aus nichts preisgab. Die Redensart geht schon auf das Mittelalter zurück. Zum einen waren in jener Zeit Wurmerkrankungen bei den Menschen noch viel häufiger als heute. Zum anderen galten – über die bereits bekannte Darmparasiten hinaus – Würmer grundsätzlich als Ursache zahlreicher Krankheiten, die man sich anders nicht erklären konnte. Es gab damals sogar den eigenen Berufsstand des „Wurmschneiders". Das waren Quacksalber, die die Leute angeblich von ihren Leiden befreiten. Dabei zogen sie ihren Patienten meist öffentlich irgendwelche vorher präparierten Würmer scheinbar aus der Nase. Da diese Würmer so geheim im Körper lebten – weil sie gar nicht existierten – wurden sie über die Jahrhunderte zum Synonym für Geheimnisse allgemein.

Eine lange Leitung haben

schwer von Begriff sein

Wer eine lange Leitung hat, braucht lange, um etwas zu kapieren, ist also schwer von Begriff oder begriffsstutzig. Die im 20. Jahrhundert noch häufig zu hörende umgangssprachliche Redewendung ist also kein Kompliment, im Gegenteil. Sie stammt aus der Zeit, als das Telefon langsam in Mode kam, also aus der ersten Hälfte des 20. Jahrhunderts, und entspringt der laienhaften Vorstellung, dass eine Nachricht durch die Leitung sehr viel länger von Telefon zu Telefon unterwegs, je größer die Entfernung ist. Auch wenn dies nicht stimmt, war es in den Anfangstagen allerdings schon so, dass eine Nachricht über eine lange Leitung schwerer zu verstehen war, da die Leitungen damals noch sehr störanfällig waren. Die Anfälligkeit stieg mit der Länge der Leitung. Sehr eng verwandt ist die Redensart *Auf der Leitung stehen*, was ebenfalls „begriffsstutzig" bedeutet. Mal sehen, wie sich die Popularität der Redewendung in Zeiten schnurloser Funktelefone bei der jungen Generation entwickeln wird.

Sich in die Höhle des Löwen begeben/wagen
dorthin gehen, wo der Gegner sein zu Hause hat

Geht man mit einem Anliegen mutig zu jemandem, den man eher als Gegner oder sogar Feind ansehen muss, dann sagte man früher scherzhaft, dass man sich in die Höhle des Löwen begibt oder wagt. Jetzt wird natürlich gleich jeder halbwegs zoologisch Interessierte einwenden, dass Löwen als „Könige der Savanne", also der freien und weitläufigen Grassteppen, mitnichten in Höhlen leben und diese nicht einmal zeitweilig aufsuchen. Der Widerspruch liegt darin begründet, dass sich diese Redensart nicht auf die Beobachtung der realen Natur stützt, sondern aus der Literatur heraus entstanden ist. Sie geht auf die Fabel „Der alte Löwe und der Fuchs" des großen griechischen Dichters Äsop zurück, der vor ca. 2600 Jahren gelebt hat. Der alte Löwe konnte in der Fabel nicht mehr jagen, stellte sich krank und bat alle anderen Tiere, ihn zu besuchen. Nur der schlaue Fuchs weigerte sich, als er erkannte, dass viele Spuren in die Höhle hinein-, aber keine wieder herausführten. Der Löwe hatte alle Besucher aufgefressen.

Einen/etwas vom Pferd erzählen
die Unwahrheit sagen, flunkern, lügen

Erzählte man einer anderen Person in früheren Zeiten offensichtlich die Unwahrheit, bekam man oft diese schöne Redensart zu hören: „Erzähl mir doch keinen vom Pferd!", oder auch: „Erzähl mir doch nichts vom Pferd!" Damit bekam man zu verstehen, dass der andere das Manöver und die Flunkerei oder auch Lüge als solche erkannt hat und nicht darauf hereinfallen wird. Bei der Suche nach der Herkunft der Redewendung stößt man auf zwei verschiedene Theorien. Die eine nimmt Bezug auf die vielleicht älteste Dichtung der Weltliteratur, die „Ilias" des alten Griechen Homer. Im Krieg der Griechen gegen Troja ersinnt hier Odysseus die kriegsentscheidende List, den Trojanern ein großes hölzernes Pferd zu schenken, in dem sich zahlreiche griechische Kämpfer versteckt hielten. Die andere Theorie geht von den Hierarchien in Mittelalter und Neuzeit aus. Wer in früheren Jahrhunderten zu Pferde ritt, galt gesellschaftlich als höher stehend als ein einfacher Fußgänger. Der Reiter sprach also vom Pferde herab und konnte erzählen, was er wollte – der niedriger Gestellte musste ihm in der Regel glauben und gehorchen.

Sich etwas aus den Fingern saugen

sich etwas ausdenken

Manchmal weiß man einfach nicht weiter. Sei es in einer Prüfung, auf die man nicht gut genug vorbereitet ist oder in einem Gespräch, in dem man eigentlich die Flagge streichen müsste – man hat einfach nichts mehr zu sagen. In solchen Situationen ist die Verlockung groß, sich einfach etwas auszudenken, einfach etwas zu erfinden. Das nennt man *Sich etwas aus den Fingern saugen*. Ob man am Ende damit durchkommt, ist eine andere Frage – in der Regel fliegt man damit irgendwann auf. Diese sehr alte Redewendung wurde nachweislich bereits im 15. Jahrhundert benutzt. Der deutsche Dichter Thomas Murner schrieb bereits 1512 in seiner Satire „Narrenbeschwörung": „Und ist's erdichtet und erlogen, dann habt Ihr's aus den Fingern gesogen." Der Ursprung der Redensart liegt wahrscheinlich noch weiter zurück und findet sich im mystischen Volksglauben, der den Fingern über ihre bekannte Funktion hinaus auch die Fähigkeit zuschrieb, unter gewissen Bedingungen und bei Einhaltung bestimmter Rituale Mitteilungen machen zu können.

Jemanden zur Schnecke machen

jemanden zusammenstauchen, jemanden derbe ausschimpfen

Eine ganze Reihe von Tieren steht anscheinend beim Menschen nicht sehr hoch im Kurs und findet sich in allerlei herabsetzenden oder beleidigenden Redensarten. Eins davon ist die Schnecke. Der Grund ist ihre sprichwörtliche Langsamkeit, die sich in Begriffen wie *Schneckentempo* oder *Schneckenpost* widerspiegelt. Wenn man von einem anderen derbe zusammengestaucht und erniedrigt wird, sagte man früher, dass man zur Schnecke gemacht wurde. Die Redensart spielte darauf an, dass sich Schnecken bei der kleinsten Berührung scheu in ihr Haus zurückziehen. Aber nicht nur die Schnecke musste für solche Redewendungen herhalten, Ähnliches findet sich auch bei anderen Tieren. So kann man statt zur Schnecke auch zur Sau gemacht werden, die Bedeutung ist dieselbe. Aber während die Sau nach wie vor populär ist, ist die Schnecke out: Sie ist gewissermaßen von der Sau überholt und abgehängt worden, kein Wunder bei diesem Tempo!

Jemandem ist eine Laus über die Leber gelaufen
Jemand ist sehr schlecht gelaunt, jemand ist sehr reizbar.

An manchen Tagen ist man einfach mit dem falschen Bein zuerst aufgestanden. Man hat schlechte Laune, ist reizbar und niemand kann einem etwas recht machen. Mit Fug und Recht können die Mitmenschen an einem solchen Tag behaupten, dass einem eine Laus über die Leber gelaufen ist. Aber was will eine Laus an der Leber und wie kommt sie überhaupt dorthin? Die Herkunft der Redewendung erinnert an die *Beleidigte Leberwurst*. In früheren Jahrhunderten, als der menschliche Körper noch nicht so gut erforscht war, galt die Leber als Sitz bestimmter Gefühlsregungen, insbesondere des Zorns, der Wut und des Ärgers. So gab es schon lange den Ausspruch: „Dir ist wohl etwas über die Leber gelaufen", die genau dasselbe meint wie der Spruch mit der Laus. Man geht davon aus, dass irgendwann vom Volksmund das „etwas" durch die „Laus" ersetzt wurde, weil es mit dieser schönen Alliteration einfach besser klingt. Zudem ist die Laus ein winziges Tier, womit man unterstellt, dass der Betreffende bereits wegen einer Kleinigkeit derart ungehalten reagiert.

Unter aller Kanone
besonders schlecht

Ist irgendetwas besonders schlecht, dann sagte man früher gerne, es sei unter aller Kanone. Wer jetzt hier eine Herleitung aus dem Militärischen vermutet, ist allerdings auf dem Holzweg. Die Kanone aus der Redewendung hat nämlich nichts mit der Kanone der Soldaten zu tun, sondern mit dem lateinischen „canon". Für besonders schlechte Leistungen gab es im Lateinischen den Ausdruck „sub omni canone", der so viel bedeutet wie „unterhalb jedes Maßstabs" oder „unterhalb aller Regel" – ein vernichtendes Urteil, vergleichbar mit einer Sechs. Vermutlich waren es Schüler, die den Teil „sub omni" wörtlich und korrekt übersetzt haben, das „canone" aus Freude an der Verballhornung zur „Kanone" gemacht haben. Eine ähnliche Redensart mit derselben Bedeutung ist *Unter aller Sau*. Damit soll unterstellt werden, dass selbst eine Sau die betreffende Sache besser gemacht hätte oder besser machen könnte als der Gescholtene.

Bis in die Puppen

sehr lange

Wenn jemand abends sehr lange aufbleibt, etwa auf einer Party, und dann am nächsten Morgen nicht aus dem Bett kommt und bis weit in den Vormittag hinein schläft, hätte man früher höchstwahrscheinlich gesagt: „Ja, ja, erst bis in die Puppen feiern, und dann bis in die Puppen im Bett liegen!" Die herrliche Redensart *Bis in die Puppen* bedeutet also so viel wie „sehr lange". Dabei handelt es sich um eine der vielen Redewendungen, die direkt aus Berlin stammen und sich von dort aus im 19. Jahrhundert über weite Teile Deutschlands verbreitet haben. Entstanden ist sie bereits im 18. Jahrhundert. Damals stellte man zur Verschönerung auf dem Platz „Großer Stern" im Berliner Tiergarten Statuen auf, die Figuren aus der antiken Sagenwelt darstellten und die von der schnodderigen Berliner Schnauze schnell „Puppen" genannt wurden. Der ganze Platz hieß bald „Puppenplatz". Ein Spaziergang vom Stadtzentrum dorthin war sehr weit und dauerte folglich sehr lange. So wurde *Bis in die Puppen* bald zum Synonym für „sehr lange".

Jemandem die Flötentöne beibringen

jemanden zur Ordnung rufen, jemanden scharf zurechtweisen

Bringt man jemandem die Flötentöne bei, bedeutet dies mitnichten, dass man ihm oder ihr Musikunterricht im Flötenspiel gibt. Stattdessen ist das gemeint, was der Volksmund umgangssprachlich und derbe einen „Anschiss" nennt. Es handelt sich also darum, jemanden für sein als verwerflich erachtetes Verhalten zur Ordnung zu rufen und diese Person scharf zu tadeln und zurechtzuweisen. Die Entstehung der Redewendung ist nicht ganz klar, am plausibelsten erscheint eine Herkunft aus dem militärischen Bereich. Hier gibt es einige Musikinstrumente, die dazu dienen, der Truppe bestimmte Befehle zu erteilen, darunter auch Flöten. *Jemandem die Flötentöne beibringen* hieß demnach ursprünglich, jemandem beizubringen, die Signale und damit verbundenen Befehle der Flöte kennenzulernen und sich vor allem auch danach zu richten. Eng damit verbunden ist wahrscheinlich auch die Redensart *Nach jemandes Pfeife tanzen*, denn mit der „Pfeife" ist wohl auch eine Flöte gemeint.

Nicht viel Federlesens machen

ohne Umschweife, direkt

Wer dazu neigt, nicht viel Federlesens zu machen, ist vielleicht eher der rabiate, zumindest aber der direkte Typ. Er nimmt nämlich wenig Rücksicht auf Etikette oder formale Aspekte, sondern kommt ohne Umschweife gleich direkt mit seinem Anliegen zur Sache. Das mag manchmal angebracht sein, kann aber auch ins Auge gehen – je nach der Stärke der Position, in der man sich befindet. Die Redensart ist wahrscheinlich schon im Mittelalter entstanden. Damals gab es überall viel Federvieh, sodass ständig massenhaft kleine Federn durch die Luft schwirrten und sich überall niederließen. Bekam man nun Besuch von seinem Herrn, dessen Vertretern oder anderen höher gestellten Personen, war es üblich, dass man ständig darauf bedacht sein musste, die Federn von der Kleidung dieser Personen zu klauben. Da machte man also viel Federlesens. Übrigens: Das „viel" in der Formulierung erlaubt den folgenden Genitiv mit dem entsprechenden Genitiv-s, macht ihn heute aber nicht mehr zwingend erforderlich. Man kann also auch *Nicht viel Federlesen machen* sagen, das ist genauso richtig – wenn man diese alte Redewendung benutzen will, was immer weniger Leute tun.

Qualmen wie ein Schlot

sehr stark rauchen

Qualmt man wie ein Schlot, sollte man sich wirklich ernsthaft Sorgen um seine Gesundheit machen, das steht doch heute auf jeder Zigarettenschachtel! Als „Schlote" bezeichnete man während der Industriellen Revolution die in vielen Landesteilen plötzlich neu entstehenden dünnen, hohen gemauerten Fabrikschornsteine. Das Wort stammt vermutlich vom niederländischen „Schlotte" ab, das die dünnen, hohlen Stängel des Schilfrohrs bezeichnet. Der „Schlot" taucht in manchen Redensarten auf. So bezeichnete man im 19. und frühen 20. Jahrhundert die Besitzer der Fabriken, die Großindustriellen, spöttisch auch als Schlotbarone. Bei der Industrialisierung Deutschlands spielte vor 100 oder 150 Jahren der Umweltschutz noch keine Rolle. Man kann sich leicht vorstellen, wie die Schlote gequalmt haben müssen. In manchen Landschaften war die Sonne nur noch ausnahmsweise zu sehen. *Qualmen, paffen* oder *rauchen wie ein Schlot* ist demnach ein Synonym für „Kettenraucher". Heute sind die Fabrikschlote weitgehend aus dem Landschaftsbild verschwunden, und die verbliebenen qualmen längst nicht mehr so stark wie früher.

Jemandem auf die Pelle rücken
nahe an jemanden heranrücken, jemanden bedrängen

Wenn jemand zu einem sagt: „Rück' mir nicht so auf die Pelle", dann hat man garantiert eine Grenze überschritten. Die Redensart hat zwei mögliche Bedeutungen. Einerseits kann damit gemeint sein, dass man jemandem körperlich so nahe gekommen ist, dass dieser die Nähe als unangenehm empfindet. Handelte es sich dabei von eigener Seite um einen geplanten Annäherungsversuch, kann dieser spätestens jetzt und an dieser Stelle als gescheitert betrachtet werden. Man sollte ihn abbrechen, bevor es peinlich wird! Andererseits kann *Jemandem auf die Pelle rücken* aber auch bedeuten, jemanden in einer Angelegenheit zu bedrängen oder unter Druck zu setzen, ohne dass es dabei zu einer körperlichen Annäherung kommen muss. Das umgangssprachliche „Pelle" gibt es bereits seit dem 12. Jahrhundert, es stammt vom lateinischen „pellis" ab, das „Pelz" bedeutet. So gibt es die Redewendung auch als *Jemandem auf den Pelz rücken*. „Pelle" wurde lange Zeit als Bezeichnung für die dünne Haut von Würsten oder auch Kartoffeln sowie für Eierschalen genutzt, bevor es scherzhaft auch auf die menschliche Haut bezogen wurde.

Jemandem das Fell gerben
jemanden schlagen, verprügeln

Leder ist eines der ältesten Materialien, die der Mensch je hergestellt hat. Wahrscheinlich haben schon die Steinzeitmenschen die Tierhäute, in deren Besitz sie durch die Jagd zwangsläufig gelangten, zu Leder gegerbt. Die Herstellung von Leder aus Häuten ist eine komplizierte und langwierige Angelegenheit, in deren Verlauf zahlreiche Arbeitsschritte erforderlich sind. Das ist nicht ungefährlich, da man dabei mit verschiedenen sehr giftigen Substanzen zu tun hat. Um das Leder geschmeidig zu machen, werden die Tierhäute mechanisch bearbeitet, also geklopft, gewalkt und geknetet. Auf diesen Vorgang bezieht sich die alte Redensart *Jemandem das Fell gerben*, was so viel bedeutet wie ihn kräftig zu verprügeln. Es gibt die Redewendung auch in der Form *Jemandem das Leder gerben*, was von der Bedeutung her identisch ist. War die Gerberei früher ein sehr weit verbreitetes Handwerk, ist sie bei uns heute wegen der Umwelt- und Geruchsbelastung sehr selten geworden, und auch die Redensart hört man kaum noch.

An jemandem / etwas einen Narren gefressen haben

in jemanden verliebt sein, in etwas vernarrt sein

Will jemand betont witzig sein, dabei aber eher angestrengt und albern wirkt, dann sagt man abschätzig, er habe wohl *einen Clown gefrühstückt*. Wenn allerdings jemand einen Narren gefressen hat, ist er deshalb noch längst nicht besonders dumm, denn hier liegt die Sache wieder ganz anders. Die Formulierung ist nämlich etwas komplizierter und funktioniert nur in der Erweiterung, *an jemandem einen Narren gefressen haben*. Das bedeutet, dass man in jemanden übermäßig verliebt oder vernarrt ist. Das funktioniert auch bei Sachen, schließlich kann man auch in ein Tier oder bestimmte Dinge und Tätigkeiten vernarrt sein. Doch bei der Suche nach der Herkunft dieser Redensart landet man dann doch wieder beim gefrühstückten Clown, denn in der Vorstellungswelt des Mittelalters liegt absonderlichem menschlichem Verhalten meist ein Dämon zugrunde, der sich im Körper eines Menschen eingenistet hat. Verhält man sich also närrisch, muss im eigenen Körper ein kleiner Narr wohnen – und wie soll der wohl schon dort hineingelangen, wenn er nicht gefressen wurde?

Ungelegte Eier

Dinge, die zurzeit noch gar nicht aktuell sind

„Kümmere dich nicht um ungelegte Eier!" Wer das zu hören kriegt, kann ganz sicher sein, dass er seine Nase zu tief in fremde Angelegenheiten gesteckt hat und Dinge angesprochen hat, über die bei anderen vielleicht noch gar keine Entscheidung gefallen ist oder die anderen vielleicht zu persönlich sind, um mit Dritten darüber zu sprechen. Diese Redensart hört man oft, wenn es etwa um anstehende berufliche Veränderungen oder familiäre Planungen von Nachwuchs geht, und oft steckt eine gehörige Portion Aberglaube dahinter. Viele Menschen meinen nämlich, sie würden ein zukünftiges negatives Schicksal beeinflussen, wenn sie heute schon darüber reden. Dahinter steckt die aus dem Mittelalter stammende Vorstellung, dass man Unglück durch die entsprechenden Worte eben auch erst herbeireden kann. Eine eng verwandte Redewendung ist die, dass man nicht über *ungefangene Fische* reden soll. Auch die schöne alte Formulierung, dass man *das Fell des Bären nicht verteilen soll, bevor man ihn erlegt hat*, passt thematisch in diesen Zusammenhang.

Jemandem auf den Schlips treten

jemanden beleidigen

Wenn man jemandem auf den Schlips tritt, dann hat man ihn kräftig gekränkt oder beleidigt. Das funktioniert natürlich auch anders herum: Wenn man sich von jemand anderem kräftig gekränkt oder beleidigt wird, dann fühlt man sich auf den Schlips getreten. Das Gefährliche an der Sache: In vergangenen Jahrhunderten konnte man jemandem sehr leicht auf den Schlips treten, denn damit war ursprünglich nicht die Krawatte gemeint, die ja heute umgangssprachlich als Schlips bezeichnet wird. Die Redensart stammt aus dem Mittelalter und ist damit schon so alt, dass es noch gar keine Krawatten gab, als sie entstanden ist. Krawatten sind erst in der Mitte des 19. Jahrhunderts aus England zu uns gekommen. Unser Schlips bezeichnet dagegen Hemdenzipfel und Rockzipfel, die vor allem bei langen Gehröcken manchmal so weit herabhingen, dass man durchaus aus Versehen sehr leicht darauftreten konnte. Doch ob Schlips oder Krawatte, auch diese Redewendung stirbt langsam aus.

Klappe zu, Affe tot!

Jetzt ist Schluss! Basta!

Fällt in einer bestimmten Angelegenheit die Klappe – das ist allgemein bekannt – geht nichts mehr, dann ist die Entscheidung endgültig gefallen. Das kann dann der abschließende Konsens aus der Meinungsbildung einer Gruppe sein, also ein demokratischer Entschluss, aber auch genauso gut von oben der einsame Entschluss eines Einzelnen, der die Macht hat, eine solche Entscheidung zu treffen. So weit, so gut, aber was das alles mit dem berühmten Affen zu tun hat und warum dieser dann auch noch tot sein soll, darüber gehen die Meinungen der Fachleute dann doch ziemlich auseinander. Einige wollen die Redensart auf die ehemaligen Gepflogenheiten an Zirkuskassen zurückführen, an denen oft Affen in kleinen Käfigen ausgestellt waren. Starb der Affe, blieb die Klappe des Käfigs geschlossen. Andere zweifeln dies an und führen den Begriff „Affe" gar nicht auf das Tier, sondern auf den Begriff „offen" zurück. Tatsache bleibt, dass die Herkunft der Redewendung heute nicht mehr eindeutig zu klären ist.

Sich vom Acker machen

einen Ort zügig verlassen

Wer einen bestimmten Ort verlässt, der macht sich umgangssprachlich vom Acker. Über die Herkunft dieser in der zweiten Hälfte des 20. Jahrhunderts noch recht häufig benutzten Redewendung spekulieren die Fachleute. Sicher scheint zu sein, dass es sich bei der Entstehung der Formulierung bei dem Acker ursprünglich um den echten Acker eines Bauern handelte. Denkbar ist, dass die Wendung in sehr schlechten Zeiten entstanden ist, als die Menschen dazu gezwungen waren, sich direkt auf den Äckern der Bauern mit Lebensmitteln zu versorgen, um nicht zu verhungern. Wurden sie dabei vom betreffenden Bauern erwischt, mussten sie natürlich schnell flüchten, sich also vom Acker machen. Für diese Entstehungsgeschichte spricht, dass man es meist etwas eilig hat, wenn man sich vom Acker macht – zumindest macht man es zügig und unverzüglich, ohne Trödeleien. Leider hat sich die Redensart inzwischen selbst vom Acker gemacht.

Das Fähnlein nach dem Winde hängen

sich opportunistisch nach der Mehrheit oder den Mächtigen richten

Äußert man nie eine eigene Meinung, richtet sich stets opportunistisch nach dem Willen der Mehrheit oder der Mächtigen und folgt deren Anweisungen, konnte man früher schnell mit dem Vorwurf konfrontiert werden, man hänge sein Mäntelchen nach dem Wind. Diese Redensart ist schon sehr alt, ihre Wurzeln reichen nachweislich bereits bis ins Mittelalter zurück. So heißt es in dem Versroman „Tristan" des mittelhochdeutschen Dichters Gottfried von Straßburg bereits um 1210: „man sol den Mantel kehren als die winde sint gewant." Im 16. Jahrhundert wurde daraus die Wendung *Seinen Mantel nach dem Winde hängen*, die es übrigens auch als *Seinen Mantel nach dem Winde drehen* gibt. Oft begegnete man dem Mantel auch in seiner Verkleinerungsform als Mäntelchen. Ab dem 18. Jahrhundert wurde der Mantel dann zunehmend von der Fahne verdrängt. Heute wird diese Redensart nur noch selten verwendet, aber ab und zu begegnet sie einem noch.

Fünfe gerade sein lassen
etwas ausnahmsweise nicht so genau nehmen

Lässt man fünfe gerade sein, dann nimmt man etwas Bestimmtes ausnahmsweise einmal nicht so ganz genau und lässt etwas durchgehen, das man unter normalen Umständen so eigentlich nicht erlauben würde. Man schaut nicht so genau hin und akzeptiert, dass die Fünf, die ja eine ungerade Zahl ist, für eine gerade Zahl gehalten wird. Aber warum eigentlich ausgerechnet die Fünf und nicht beispielsweise die Drei oder die Sieben? Die sind ja auch ungerade Zahlen, die man gerade sein lassen könnte. Die Klärung dieser Frage, so meinen einige Sprachwissenschaftler, könnte in der Anzahl der Finger an der menschlichen Hand liegen. Wenn man alle fünf Finger der Hand gerade sein lässt, also gerade nach vorne ausstreckt, kann man mit der Hand in diesem Moment nicht viel anfangen und muss den Dingen, die sich gerade vollziehen, ihren Lauf lassen, ohne einzugreifen. Die „Fünfe" sind also nach dieser Interpretation die Finger der menschlichen Hand.

Mit dem Klammerbeutel gepudert
nicht ganz richtig im Kopf

Wenn man zu jemandem sagt, er oder sie sei wohl mit dem Klammerbeutel gepudert, dann sollte man sich keine Hoffnungen machen, dass der oder die Angesprochene sich darüber freut, denn bei diesem „Kompliment" handelt es sich in Wahrheit um eine stark herabsetzende, beleidigende Behauptung. Man unterstellt damit nämlich, jemand sei wohl nicht so ganz richtig im Oberstübchen. Wie so oft, gibt es auch bei dieser Redewendung verschiedene Erklärungsansätze, die sich allesamt weder exakt beweisen noch widerlegen lassen. So existiert die Auffassung, mit dem Klammerbeutel sei ein Stoffbeutel gemeint, in dem die Wäscheklammern zum Aufhängen der frisch gewaschenen Wäsche aufbewahrt werden. Wenn man diesen fest genug vor dem Kopf geschlagen bekommt, kann dies schon zu geistigen Störungen führen. Wahrscheinlicher ist aber die Deutung des Klammerbeutels als der von Klammern gehaltene und bewegte Mehlbeutel einer Mühle. Öffnet man diesen während des Mahlvorgangs, wird man von dem Mehl von oben bis unten eingepudert und steht ganz schön dumm da.

Die Beine in die Hand nehmen
so schnell wie möglich wegrennen

Wer seine Beine in die Hand nimmt, der hat es wirklich eilig, von dem Ort, an dem er sich gerade befindet, wegzukommen. Doch woher kommt diese noch im 20. Jahrhundert gar nicht so selten benutzte bildhafte Redewendung? Wirklich in die Hand nehmen kann man die Beine ja nicht, denn dann kann man ja nicht mehr schnell laufen – wenn man dann überhaupt noch laufen kann. Auch die Fachleute sind sich in dieser Hinsicht einmal mehr nicht einig. Ein einleuchtender Ansatz lautet wie folgt: Wenn man einmal versucht, schnell zu laufen, ohne dabei gleichzeitig Arme und Hände zu benutzen, wird man feststellen, dass dies gar nicht geht. Beim schnellen Laufen werden beide Arme und Hände benötigt, um die durch die schnellen Beinbewegungen entstehenden Kräfte auszugleichen. Deshalb bewegt sich der linke Arm in gleicher Richtung wie das rechte Bein und umgekehrt. Solche Ausgleichsbewegungen sind nur beim schnellen Laufen nötig, so hat sich daraus die sinnbildliche Redewendung *Die Beine in die Hand nehmen* entwickelt.

Das Tanzbein schwingen
mit viel Freude tanzen

Ging man im 18., 19. und in der ersten Hälfte des 20. Jahrhunderts tanzen, sagte man auch gerne von sich, dass man das Tanzbein schwingen ging. Die Redewendung geht auf ältere Zeiten zurück, in denen ganz andere Tänze getanzt wurden als beispielsweise heutzutage. Vor allem die Hunderte von Volkstänzen, die in ganz Europa verbreitet waren, spielen hier eine besondere Rolle. Bei ihnen waren die Bewegungsabläufe viel weniger zwingend festgelegt als etwa bei den Standardtänzen, und sie bildeten mit der dazugehörigen Volksmusik eine feste Einheit. Bei vielen dieser Volkstänze gehörten schwungvolle Bewegungen eines oder sogar beider Beine zum festen Repertoire. So entwickelte sich die Redewendung *Das Tanzbein schwingen* als Synonym für tanzen allgemein. Nach dem Zweiten Weltkrieg kamen dann durch die Verdrängung der Volksmusik durch die Rock- und Popmusik ganz andere Tänze in Mode, die man teilweise nun wirklich nicht mehr als *Das Tanzbein schwingen* bezeichnen konnte. Immer seltener wurde die Wendung benutzt, heute hört man sie eigentlich nur noch in scherzhafter Bedeutung.

Mit dem falschen Fuß aufstehen
den Tag bereits mit schlechter Laune beginnen, Unglück haben

Steht man mit dem falschen Fuß oder auch mit dem falschen Bein zuerst auf, ist der Tag eigentlich schon gelaufen. Es kann dann passieren, dass man so schlechte Laune hat – vielleicht aufgrund entsprechender Träume –, dass es schwerfallen wird, das Blatt noch zu wenden und den Tag noch zu retten. Oder aber es passiert direkt nach dem Aufstehen schon das erste Missgeschick oder – im schlimmeren Fall – auch Unglück, sodass man kaum noch vernünftig in den Tag hineinkommt. Man sagt in solchen Fällen auch gerne, dass einem jemand einen „gebrauchten" Tag angedreht hat. Aber welches ist denn überhaupt der „falsche" Fuß? Bei uns im deutschen Sprachraum steht meist die linke Seite für das Falsche, die rechte Seite hingegen für das Richtige. So konnte es etwa im Mittelalter lebensgefährlich werden, ein Linkshänder zu sein, weil Linkshändigkeit als Zeichen des Teufels galt. Bestenfalls wurde man *links liegen gelassen*, schlimmstenfalls konnte man auf dem Scheiterhaufen landen. Folglich gibt es diese Redewendung auch in der Version *Mit dem linken Fuß zuerst aufstehen* und *Mit dem linken Bein zuerst aufstehen*.

Aus der Haut fahren
sehr wütend werden

Wenn eine Person so wütend wird, dass sie die Beherrschung verliert, sagt man, dass sie aus der Haut fährt. Diese Redewendung wird nachweislich schon seit dem 16. Jahrhundert verwendet, die ihr zugrundeliegende Vorstellungswelt reicht aber sogar noch weit ins Mittelalter oder sogar bis in die Antike zurück. Die Haut des Menschen wurde dabei als die Hülle angesehen, die er nicht verlassen kann. Darauf deuten zahlreiche Redensarten hin, wie etwa diese: *Niemand kann aus seiner Haut heraus*, was so viel bedeutet wie: *Jeder ist so, wie er eben ist*. Gleichzeitig wurde die Haut aber auch als Grenze zur Umwelt gesehen, an der bestimmte Gefühle entstehen können. So weist der Begriff „dünnhäutig" darauf hin, dass jemand sehr empfindlich ist und sich die Dinge zu sehr zu Herzen (dem vermeintlichen Träger der Gefühle) nimmt. Heute wird die Redewendung *Aus der Haut fahren* vor allem bei jüngeren Menschen kaum noch verwendet. Hier spricht man heute lieber von „ausrasten", „ausklinken" oder „abfahren".

Die Hose mit der Kneifzange anziehen
dumm sein, geistig nicht auf der Höhe sein

Neben den Leuten, die *mit dem Klammerbeutel gepudert sind*, gibt es noch diejenigen, die sich *die Hose mit der Kneifzange anziehen*. Dabei unterscheiden sich die beiden Spezies in ihrem Verhalten nicht besonders auffällig, denn bei beiden unterstellt die Redewendung mangelnde Leistungsfähigkeit im Oberstübchen. Bis weit in das 20. Jahrhundert hinein sagte man über jemandem, von dessen geistigen Qualitäten man nicht besonders viel hielt, er würde die Hose mit der Kneifzange anziehen. Parallel dazu gab es auch die Variante, sich *die Hose mit der Kneifzange zuzumachen*, und schließlich konnte die gute alte Kneifzange auch gegen ihr Synonym *Beißzange* ausgetauscht werden – wobei *Beißzange* wiederum ein Schimpfwort für eine zänkische, boshafte alte Frau war. Wer sich also nun die Hose mit der Kneifzange anzieht oder zumacht, der verwandelt einen an sich alltäglichen und einfachen Vorgang in einen ungeheuer komplizierten und wegen der Zange auch nicht ganz ungefährlichen.

Geschmückt wie ein Pfingstochse
übertrieben bunt oder geschmacklos angezogen

Überall in Deutschland gibt es die verschiedensten Pfingstbräuche. So wird nach einem alten Brauch vor allem im süddeutschen Raum am Pfingstsonntag das Vieh zum ersten Mal im neuen Jahr auf die Sommerweiden getrieben. Der stärkste und größte Ochse wird dabei mit bunten Bändern, Blumen und Strohgebinden prachtvoll geschmückt und führt die Herde an. Bald entstand durch diesen Brauch eine abwertende Redensart, die den geschmückten Pfingstochsen mit Menschen gleichsetzte, deren Kleidung oder Aufmachung allgemein als übertrieben bunt, grell oder geschmacklos empfunden wurde. Im 18. und 19. Jahrhundert war die Redewendung *Geschmückt wie ein Pfingstochse* noch sehr weit verbreitet, während ihr Stern im 20. Jahrhundert schnell zu sinken begann. Durch die Vernachlässigung der Traditionen wusste bereits gegen Ende des 20. Jahrhunderts kaum noch jemand, was ein Pfingstochse überhaupt ist. Zudem wurden die Kleidungs- und Sehgewohnheiten nach dem Zweiten Weltkrieg durch die Jugend- und Popkultur sowieso grundlegend umgekrempelt.

Die Flöhe husten hören

sehr gut informiert sein, überängstlich sein

Wer die Flöhe husten hört, der hört Dinge, die es eigentlich gar nicht gibt, denn Flöhe haben als Insekten keine Lungen und können folglich auch gar nicht husten. Die bereits aus dem 15. oder 16. Jahrhundert stammende Redewendung kann zwei Bedeutungen haben. Wenn jemand Dinge hört, die es eigentlich gar nicht gibt, dann ist er entweder sehr gut informiert und weiß eben mehr als alle anderen, oder aber er phantasiert sich Probleme herbei und gilt dann als überängstlich. Es gibt eine ganze Reihe von Redewendungen dieser Art, die alle dieselbe Bedeutung haben, wie etwa *Das Gras wachsen hören*, *Die Mücken stechen hören*, *Die Spinnen weben hören* oder *Die Fische niesen hören*. Ursprünglich bezeichnete man damit ab dem 15. Jahrhundert Personen, die tatsächlich über ein besonders gutes Gehör verfügten, bevor man die Redewendung im 16. und 17. Jahrhundert umgangssprachlich und im übertragenen Sinn verwendete.

Unter einer Decke stecken

gemeinsame Sache machen

Wenn man über zwei oder mehrere Personen sagt, dass sie unter einer Decke stecken, dann meint man, dass sie in einer bestimmten Angelegenheit zusammenhalten oder gemeinsame Sache machen. Diese umgangssprachliche Redewendung ist meist abschätzig gemeint und legt zumindest indirekt nahe, dass die betreffenden Personen etwas zu verbergen haben und dass die Angelegenheit, um die es dabei geht, zumindest anrüchig, wenn nicht anstößig oder schlimmstenfalls sogar strafrechtlich relevant ist. *Unter einer Decke stecken* ist eine sehr alte Redewendung, entstanden ist sie wahrscheinlich sogar im Mittelalter. Damals gab es den Brauch, dass frisch verheiratete Ehepaare während der Hochzeitsfeiern symbolisch öffentlich mit einer Decke zugedeckt wurden. Dass Ehepaare in der Regel besonders eng zusammenhalten, ist bekannt, und so ist daraus dann die auch heute noch verwendete Redensart geworden.

Vergebliche Liebesmühe
eine erfolglose oder nicht lohnenswerte Anstrengung

Es gab Zeiten, da ging einer Beziehung zwischen einem Mann und einer Frau noch eine längere Zeit des Werbens und Freiens voraus, die sich über Jahre hinstrecken konnte. Den damaligen gesellschaftlichen Gepflogenheiten gemäß musste ein Mann demnach unter Umständen einen größeren Aufwand betreiben, um eine Braut zu werben – ohne sich über den Erfolg seiner Mühen sicher sein zu können. Und lehnte die Umworbene den Freier am Ende doch ab, war die ganze Liebesmühe eben vergeblich. Populär geworden ist diese Redewendung in Deutschland durch die Übersetzung einer Komödie des großen englischen Dichters William Shakespeare. Sie ist um 1600 entstanden, spielt am Hofe des Königs von Navarra und heißt „Love's Labour's Lost", was so viel wie *Vergebliche Liebesmühe* oder auch *Verlorene Liebesmühe* bedeutet. Auch wenn sich in heutiger Zeit – zumindest bei der jungen Generation – die Dinge zwischen den Geschlechtern doch meist sehr viel schneller entwickeln, scheint es immer noch viel vergebliche Liebesmühe zu geben – oder vielleicht gerade deshalb?

Eine Schraube locker haben
leicht verrückt oder überdreht sein

Im 18. Jahrhundert begann allmählich die Mechanisierung unseres Lebens und steigerte sich vor allem im 19. und 20. Jahrhundert auf ihren Höhepunkt. Vor allem im 19. Jahrhundert, während der Industriellen Revolution, erfasste sie bald alle Bereiche des Lebens. Dabei beeinflussten die zahlreichen neuen Erfindungen schnell auch die Vorstellungswelt der Menschen, was sich umgehend auch in der Sprache niederschlug. In der Redewendung *Eine Schraube locker haben*, die es auch in der Abwandlung *Ein Rädchen locker haben* gibt, wird der normal funktionierende, gesunde menschliche Verstand denn auch mit einer mechanischen Maschine oder einem Räderwerk gleichgesetzt. Und wenn dann an entscheidender Stelle eine Schraube oder ein Rädchen versagt, funktioniert die Maschine nicht mehr richtig. Auf die Analogie zum menschlichen Verstand bezogen bedeutet dies, dass man leicht verrückt oder überdreht ist, wenn man eine Schraube oder ein Rädchen locker hat. In unserer heutigen digitalen Welt verliert diese mechanistisch geprägte Redewendung zunehmend an Bedeutung.

Sein Herz auf der Zunge tragen
redselig oder offenherzig sein, kein Geheimnis bewahren können

Diese alte Redewendung kommt schon in der Bibel vor. In dem Buch Jesus Sirach heißt es: „Die Narren tragen ihr Herz im Mund, die Weisen aber tragen ihren Mund im Herzen." In der antiken und mittelalterlichen Vorstellungswelt war das Herz eines Menschen der Träger seiner Gefühle, auch wenn Wut oder Ärger oft in der Leber angesiedelt wurden. Wer also sein Herz auf der Zunge trug, der gab bereitwillig über sein Gefühlsleben Auskunft. In der Folgezeit entwickelten sich eine positive und eine negative Bedeutung der Redewendung. Zunächst wurde es im Sinne des biblischen Spruchs negativ gesehen, wenn jemand redselig alles ausplauderte und kein Geheimnis für sich behalten konnte, da dies auch als Anzeichen übergroßer Naivität gesehen wurde. Später benutzte man die Redensart auch im positiven Sinne, da man es als sympathisch bewertete, wenn jemand offenherzig, zugänglich und zugewandt war.

Ein Häufchen Elend sein
sehr traurig oder krank sein

Wer sich in einem jämmerlichen Zustand befindet und das Mitleid seiner Umwelt erregt, von dem sagt man, er sei nur noch ein Häufchen Elend. Ob dieser mitleiderregende Zustand seelischer Natur ist und sich durch große Traurigkeit bis hin zu Depressionen ausdrückt, oder ob er körperlicher Natur ist und durch Krankheit oder Verletzungen hervorgerufen wurde, spielt bei dieser Redewendung eigentlich keine Rolle. Sprachwissenschaftler haben übrigens herausgefunden, dass der Begriff „elend" aus dem Althochdeutschen „elilenti" stammt und so viel wie „in einem fremden Land" bedeutet. Aus dem Adjektiv entstand dann das mittelhochdeutsche Substantiv „ellende" mit den Bedeutungen „anderes Land", „Verbannung" und „Not". Im Mittelalter galt es denn auch als eine der schlimmsten Strafen, wenn man aus seiner Heimat verbannt wurde und in der Fremde leben musste. In der Redewendung wurde dem Elend der unbestimmte Mengenbegriff „Häufchen" oder auch „Häuflein" zur Seite gestellt, womit der betreffende Mensch gemeint war und das Elend gleichzeitig personifiziert wurde.

Wissen, wo der Bartel den Most holt

Bescheid wissen, mit allen Wassern gewaschen sein

Wenn früher jemand schlau oder gewitzt oder *mit allen Wassern gewaschen* war, sodass er in allen Belangen Bescheid wusste, dann sagte der Volksmund umgangssprachlich, dass der Betreffende weiß, wo der Bartel den Most holt. Diese Redewendung gab es – in den unterschiedlichsten, meist regional bedingten Schreibweisen – in allen deutschsprachigen Ländern einschließlich Österreichs und der Schweiz. Sie ist schon sehr alt, seit dem 17. Jahrhundert ist sie auch in schriftlichen Quellen nachzuweisen. Für ihre Entstehung gibt es eine ganze Handvoll der verschiedensten Theorien. Eine Deutung siedelt die Herkunft im Hebräischen an. Hier wird der Barthel zum Brecheisen, der Most zum Geld – demnach stammt die Redensart aus dem Gaunermilieu. Eine andere Herleitung sieht in Bartel den Storch, der in Norddeutschland als „Batheld" bezeichnet wurde, und im Most die Mäuse, die der Storch frisst und von denen er stets weiß, wo er sie findet.

Das Kind mit dem Bade ausschütten

gedankenlos handeln, über das Ziel hinausschießen

Schüttet man das Kind mit dem Bade aus, dann hat man in der Regel ein Problem. Entweder handelt man völlig gedankenlos und begeht, beispielsweise um einen Fehler zu vermeiden, einen noch größeren, oder man leitet in übertriebenem vorauseilendem Gehorsam eine übertriebene Maßnahme ein, bei der sich am Ende mehr Schaden als Nutzen einstellt. In jedem Fall schüttet man mit dem Unnützen, Wertlosen, nämlich dem schmutzigen Badewasser, auch etwas sehr Wertvolles weg, namentlich das Kind. Die Redewendung ist schon sehr alt und stammt bereits aus dem 16. Jahrhundert. So schrieb schon 1541 der bedeutende deutsche Humanist und mystische Schriftsteller Sebastian Franck (auch bekannt als Franck von Wörd) in seiner Sammlung von Sprichwörtern: „Wenn man den rechten Gebrauch und den Missbrauch verwechselt, das Pferd mit Zaum und Sattel zum Schinder führt und das Kind mit dem Bade ausschüttet."

Auf Wolke sieben
verliebt, glücklich

Ist jemand gerade völlig verliebt oder auch aus anderen Gründen sehr glücklich und befindet sich in emotionaler Hochstimmung, dann sagte man früher oft, dass die betreffende Person *auf Wolke sieben* schwebt. Ganz eng verwandt ist auch die Redewendung, sich *im siebten Himmel* zu befinden. Aber warum gerade die Sieben? Die Zahl Sieben genießt in fast allen Kulturen eine Sonderstellung, ob christlich, jüdisch, islamisch oder auch in Naturreligionen. So erschafft bereits in der Schöpfungsgeschichte des Alten Testamentes Gott die Welt in sieben Tagen. Und auch in den astronomischen Modellen der Babylonier, Ägypter und Griechen spielt die Sieben eine wichtige Rolle. So gibt es in dem Modell des großen griechischen Philosophen Aristoteles sieben Himmelssphären. Die siebte ist die äußerste Sphäre, die das materielle Universum gegen die immaterielle, geistige Welt abgrenzt, die sich dahinter erstreckt. Höher als auf Wolke sieben oder in den siebten Himmel kann man also demnach gar nicht gelangen. Die Redewendung hört man heute noch gelegentlich in Popsongs oder in der Werbung.

Einen Sack Flöhe hüten
eine sehr schwierige und kaum zu bewältigende Aufgabe bekommen

Wenn jemand eine Aufgabe aufgebrummt bekommt, die ihm außerordentlich kompliziert und kaum zu schaffen erscheint, dann hört man oft: „Da kann man ja leichter einen Sack Flöhe hüten!" Natürlich hat noch nie jemand Flöhe in Säcke abgefüllt, aber wenn man sich einen ganzen Sack voll von diesen quirligen Sprungkünstlern vorstellt – das Wort „Floh" stammt übrigens vom altgermanischen „flöh" ab, was so viel wie „fliehen" bedeutet –, bekommt man eine Ahnung von dem, was hier gemeint ist. Und die Menschen in vergangenen Jahrhunderten konnten sich dies bestimmt viel besser vorstellen als wir heute, denn Menschenflöhe waren früher sehr viel häufiger als heute, wo sie – zumindest in Mitteleuropa – nur noch sehr selten vorkommen. Dementsprechend ist diese Redewendung auch schon sehr alt. In einer lateinischen Version, die von einigen Forschern dem großen niederländischen Humanisten Erasmus von Rotterdam zugeschrieben wird, taucht sie schon um 1510 erstmals schriftlich auf.

Mit gleicher Elle messen

nach gleichen Kriterien behandeln oder beurteilen, unparteiisch sein

Wollte man früher zwei Menschen oder auch sich selbst und einen anderen Menschen objektiv vergleichen und dabei die gleichen Kriterien anlegen, sagte der der Volksmund dazu umgangssprachlich, dass man mit gleicher Elle gemessen hätte. Eine ganz eng verwandte Redensart, die im Kern dieselbe Bedeutung hat, ist die Aufforderung, *nicht mit zweierlei Maß zu messen*. Die Redewendung *Mit gleicher Elle messen* ist schon sehr alt, die Elle als anerkanntes Längenmaß gibt es schon lange nicht mehr. Das Problem bei der seit der frühen Antike verwendeten Elle war ihre Uneinheitlichkeit. Das begann schon bei der Definition: Oft wurde darunter die Länge eines männlichen Unterarms vom Ellbogen bis zur Handwurzel verstanden, ebenso oft rechnete man aber auch die Hand bis zur Spitze des Mittelfingers dazu. Allein in Deutschland gab es früher beinahe 30 verschiedene Ellen-Maße. die zwischen 54 und 83 cm schwankten. Da ist es klar, dass man, wollte man etwas objektiv vergleichen, mit gleicher Elle messen musste.

Auf dem Schlauch stehen

nicht mehr weiter wissen, etwas nicht verstehen

Wer einen Sachverhalt oder einen Zusammenhang trotz intensiven Nachdenkens nicht begreift, der steht nach einer schönen alten Redewendung aus dem 19. und 20. Jahrhundert buchstäblich auf dem Schlauch. Und wer regelmäßig auf dem Schlauch steht, der gerät ganz schnell in den Verdacht, eine lange Leitung zu haben, also grundsätzlich etwas begriffsstutzig zu sein. Neben dieser Verwendung der Redensart, die eher etwas abwertend gemeint ist, weil sie die intellektuellen Fähigkeiten des Betreffenden anzweifelt, sagt man aber auch, wenn man an einer besonders schweren Aufgabe verzweifelt oder scheitert: „Da stehe ich auf dem Schlauch!" Das ist dann eher eine allgemeine Anerkennung des Schwierigkeitsgrades der zu bewältigenden Aufgabe. Die Entstehung dieser bildhaften, umgangssprachlichen Wendung ist leicht erklärt: Wenn man auf einem Schlauch steht – etwa auf einem Gartenschlauch –, blockiert man den Durchfluss, sodass am anderen Ende kein Wasser ankommt. Leider wird diese schöne Redensart heute kaum noch benutzt.

Jemandem den Marsch blasen
massiv mit jemandem schimpfen, Konsequenzen androhen

In vergangenen Jahrhunderten waren Trompeten und Fanfaren die wichtigsten Kommunikationsmittel im militärischen Bereich. Für beinahe jeden Befehl gab es ein spezielles Trompeten- oder Fanfarensignal. Das galt natürlich auch für das Sammeln der Truppen und den anschließenden Abmarsch. Zu diesem Zweck wurde zum Marsch geblasen. Wer dieses Signal verpasste und den Abmarsch der Truppe versäumte, galt schnell als fahnenflüchtig und musste mit schweren Bestrafungen rechnen. Ab dem frühen 19. Jahrhundert entwickelte sich daraus in der Soldatensprache die Redewendung *Jemandem den Marsch blasen*, die sich schnell auch in den zivilen Bereich hinein ausbreitete. Im gesamten 19. und bis in die zweite Hälfte des 20. Jahrhunderts hinein war sie sehr gebräuchlich dafür, wenn es nötig war, mit einer besonders widerspenstigen Person zu schimpfen und ihr schwere Konsequenzen für den Fall anzudrohen, dass sie ihr Verhalten nicht ändert.

Ein Buch mit sieben Siegeln
etwas sehr schwer Verständliches

Wenn jemand sagt: „Das ist für mich ein Buch mit sieben Siegeln", dann meint er damit, dass er einen bestimmten Zusammenhang trotz intensivster Bemühungen einfach nicht versteht. Damit wird dann aber nicht an den geistigen Fähigkeiten des Betreffenden gezweifelt, sondern ausdrücklich die große Kompliziertheit und Komplexität eines Problems betont. Diese uralte Redewendung stammt ursprünglich aus der Bibel. Im Neuen Testament ist im fünften Kapitel der Johannesoffenbarung explizit von einem Buch mit sieben Siegeln die Rede. Jesus Christus öffnet in Gestalt eines Lammes die Siegel und löst damit die Apokalypse aus. Beim Öffnen der ersten vier Siegel erscheinen die vier apokalyptischen Reiter, die mit der Verwüstung der Erde beginnen. Beim Öffnen des fünften Siegels erscheinen die Seelen der Märtyrer und verlangen nach Rache für ihre Ermordung. Das Öffnen des sechsten Siegels lässt die Erde erbeben, verfärbt die Sonne schwarz, den Mond blutrot und lässt die Sterne vom Himmel fallen. Mit dem Öffnen des siebten Siegels wird schließlich der Weltuntergang eingeleitet, durchgeführt von sieben Engeln mit Posaunen und einen mit einem goldenen Räuchergefäß.

Jemanden durch den Kakao ziehen

sich über jemanden lustig machen, schlecht über jemanden sprechen

Tuschelt man über jemanden, macht sich über ihn lustig, oder spricht in seiner Abwesenheit schlecht über ihn, dann zieht man ihn durch den Kakao. Aber was kann so schlimm daran sein, mit diesem sehr beliebten Schokoladengetränk in Kontakt zu kommen? Nun, der Punkt ist, dass mit dem Wort „Kakao" hier gar nicht der echte Kakao gemeint ist. Die Redewendung entstand durch ein wenig lautmalerische Phantasie. Ursprünglich war mit dem Kakao nämlich die viel weniger attraktive „Kacke" gemeint, die Redensart hieß *Durch die Kacke ziehen*, was wohl wenig Spielraum für Interpretationen zulässt. Die Version mit dem Kakao geht auf den großen deutschen Schriftsteller Erich Kästner zurück, der 1931 in seinem Gedichtband „Gesang zwischen den Stühlen" mit folgendem Vers vor den Gefahren des Nationalsozialismus mit seinen braunen Uniformen warnte: „Was immer auch geschieht: Nie dürft ihr so tief sinken, von dem Kakao, durch den man euch zieht, auch noch zu trinken."

Die Arschkarte ziehen

Pech haben

Hat jemand gerade in irgendeiner Angelegenheit besonders großes Pech gehabt, sagte man früher gelegentlich: „Er hat die Arschkarte gezogen." Eine eng verwandte Abwandlung dieser Redensart lautet: *Die Arschkarte haben*. Diese umgangssprachlichen Redewendungen bedeuten, dass sich jemand in einer Situation befindet, die für ihn einen besonders ungünstigen Verlauf nimmt. Doch was ist diese ominöse Arschkarte denn nun eigentlich genau? Darüber gibt es – wie so oft – leider nur Vermutungen. Die populärste, aber letztlich auch nicht beweisbare kommt aus dem Bereich des Sports. Als im Jahre 1970 im Fußball die rote Karte eingeführt wurde, steckten die Schiedsrichter sie in die hintere Hosentasche, um sie nicht irrtümlich mit der gelben Karte zu verwechseln, die sie nach wie vor in der Brusttasche ihres Trikots aufbewahrten. Gelegentlich trifft man auf die Theorie, dies wäre deshalb nötig gewesen, weil die Fernsehzuschauer im Schwarz-Weiß-Fernsehen den Unterschied zwischen roter und gelber Karte sonst nicht bemerkt hätten.

Von echtem Schrot und Korn
eine ehrliche, anständige und rechtschaffene Person

Zu einem grundanständigen, vertrauenswürdigen, ehrlichen und rechtschaffenen Menschen sagte man in vergangenen Jahrhunderten, er oder sie sei von echtem Schrot und Korn. Wer jetzt aber dabei an den Jäger denkt, der mit Schrot schießt und über Kimme und Korn zielt, liegt völlig falsch. Und auch eine mögliche Verbindung zum Müller, der das Korn in seiner Mühle auch zu Schrot mahlt, ist total daneben. In Wirklichkeit geht es – wie so oft – hierbei um Geld, und zwar um Münzen aus den guten alten Zeiten, als die Gold-, Silber- und Kupfermünzen ihren Wert noch aus dem Material bezogen, aus denen sie wirklich bestanden. „Schrot" bezeichnet dabei das Gesamtgewicht der Münzen einschließlich der unedlen Bestandteile, mit „Korn" hingegen sind nur die in der Münze enthaltenen wertvollen Edelmetalle gemeint. Eng verwandt sind auch die Redewendungen *Von altem Schrot und Korn* sowie *Von bestem Schrot und Korn*.

Auf den Hund kommen
in eine schlimme Situation geraten

Ist man erst einmal auf den Hund gekommen, geht es einem an den Kragen – zumindest nach der Erklärung, die die Gebrüder Grimm in ihrem 1838 begonnenen Deutschen Wörterbuch für die Herkunft dieser Redewendung gaben. Sie bezogen sie auf einen zum Tode Verurteilten, der einen Hund tragen sollte, um „damit anzuzeigen, dass er wert sei, gleich einem Hund erschlagen und aufgehängt zu werden." Doch auch damals hatte sich die Bedeutung verändert, und so führten die Grimms weiter aus: „Auf den Hund kommen bedeutet jetzt, teils in verächtliche oder schlimme äußere Verhältnisse, teils mit der Gesundheit herunterkommen." Darüber hinaus gibt es noch zahlreiche weitere Erklärungsansätze, die vor allem regional sehr unterschiedlich sein können, aber alle den Grundgedanken des sozialen Abstiegs oder gesundheitlichen Verfall in sich tragen. Die einzige positive, allerdings auch scherzhaft gemeinte Bedeutung ist die, dass jemand zum Hundefreund geworden ist und sich einen Vierbeiner zugelegt hat.

Mit den Wölfen heulen
seine Meinung opportunistisch nach der Mehrheit richten

Wer sein Fähnlein ständig nach dem Wind hängt und sich mit seiner Meinung stets opportunistisch nach der Mehrheit richtet, von dem sagte man früher, dass er mit den Wölfen heult. Diese alte Redewendung stammt aus dem Mittelalter, als es auch bei uns noch Wölfe gab, kommt aber wahrscheinlich aus Schweden, wo es ein Sprichwort gab, das übersetzt heißt: „Wer mit den Wölfen wohnt, muss auch mit den Wölfen heulen." Verwendet wurde die Redensart in einer positiven und in einer abwertenden Bedeutung. Einerseits heißt es: „Er hat es zu etwas gebracht, weil er es versteht, mit den Wölfen zu heulen", wobei es hier als besonders clever gilt, sich der herrschenden Meinung anzupassen, um in seinem Lebensplan voranzukommen. Heißt es aber: „Du heulst ja sowieso immer nur mit den Wölfen", so ist dies abwertend gemeint und sicher als harte Kritik am eigenen opportunistischen Verhalten zu verstehen. Vielleicht kommt dieses schöne alte Sprichwort mit der Rückkehr der Wölfe nach Mitteleuropa ja wieder etwas mehr in Mode.

Jemanden abblitzen lassen
jemanden zurück- oder abweisen

Wenn eine Person eine andere mit ihrem Ansinnen deutlich zurück- oder abweist, dann lässt sie sie abblitzen. Wenn einem die Zurückweisung selbst widerfährt, dann ist man abgeblitzt. Dies war im 20. Jahrhundert eine gängige Redensart, die vor allem in unglücklich verlaufenen Liebesangelegenheiten verwendet wurde, etwa wenn ein Mann von seiner Angebeteten einen Korb bekam und somit abgewiesen wurde. Für die Herkunft dieser Redewendung gibt es mehrere Theorien. Eine kommt aus dem militärischen Bereich, genauer gesagt aus der Waffentechnik vergangener Jahrhunderte. Damals mussten nämlich Schusswaffen noch mit einer Lunte gezündet werden. Brannte diese ab, ohne dass die Waffe abgefeuert wurde, sprach man davon, dass sie „abblitzte". Eine andere Erklärung kommt aus dem Bereich der Wetterbeobachtung. Hier wurde der Einschlag eines Blitzes in einen Blitzableiter salopp als „abblitzen" bezeichnet. Wie daraus dann allerdings die Redewendung entstanden ist, kann man nicht mehr eindeutig klären.

Eine Binsenweisheit
eine Information oder Aussage ohne besonderen Wert

„Weißt du was? Wasser ist nass!" Dieser Kinderreim ist ein Paradebeispiel für eine Binsenweisheit, denn die in dieser Aussage enthaltene Information ist ein derartiger Allgemeinplatz, dass man ihr keinen weiteren geistigen Nährwert entnehmen kann. Wer öfter oder sogar ständig solche Binsenweisheiten von sich gibt, kann leicht in den Verdacht zu geraten, ein „Dummschwätzer" zu sein. Der Begriff *Binsenweisheit* ist schon sehr alt und wird möglicherweise sogar schon seit der Antike benutzt. Zumindest tauchte bereits in einigen römischen Sprichwörtern die einfache, ohne Verästelungen wachsende Binse als Synonym für geistige Schlichtheit auf. Für die Bildung des abwertenden Begriffs *Binsenweisheit* spielte aber auch die weite Verbreitung dieser früher oft in Massen vorkommenden Gräser eine Rolle, und zwar in der Bedeutung: „Was du da sagst, das weiß doch schon jeder!" Heute sind Binsen vielerorts selten geworden, und auch den Begriff *Binsenweisheit* hört man immer seltener – nicht allerdings die Binsenweisheiten selbst.

Jemandem einen Bären aufbinden
jemanden belügen oder in die Irre führen

Belügt man jemanden oder führt ihn in die Irre, dann bindet man ihm umgangssprachlich einen Bären auf – so sagte man zumindest noch bis weit in das 20. Jahrhundert hinein. Diese Redewendung ist schon sehr alt, und niemand weiß heute noch so ganz genau, wie sie entstanden ist. Deshalb geistern die wildesten Spekulationen umher, von denen die meisten aber getrost als falsch abgetan werden können. Was wohl sicher ist: Mit einem echten Bären hat diese Redensart nichts zu tun. Am glaubwürdigsten ist noch die Theorie der Sprachwissenschaftler, die den Bären auf den althochdeutschen Wortbestandteil „bar" zurückführt, was so viel wie „tragen" bedeutet. Wie daraus dann aber im Volksmund ein Bär geworden ist, darum ranken sich einige Legenden. Besonders schön ist die von den Jägern, die in einem Gasthaus einkehrten, dann aber feststellen mussten, dass sie kein Geld dabeihatten und nicht bezahlen konnten. Als Entschädigung ließen sie dem Wirt einen lebendigen Bären da, mit dem dieser natürlich überhaupt nichts anfangen konnte.

Bekannt sein wie ein bunter Hund
besonders bekannt oder stadtbekannt sein

Je individueller die Zeichnung auf dem Fell eines Tieres ist, umso leichter kann man genau dieses Tier unter vielen anderen identifizieren. Das gilt natürlich auch für Hunde. Nun kommen bestimmte Farben im Hundefell gar nicht vor, etwa Grün oder Pink. Und doch kann ein Hund mit gescheckem Fell recht bunt sein, denn von Weiß über verschiedene Braun-, Gelb-, Grau-, Blau- und Rottöne bis hin zu Schwarz sind viele Farben vertreten. So sind Hunde beispielsweise der Rassen Beagle, Basset oder Bernhardiner oft recht bunt gescheckt. Von solch „bunten Hunden" stammt die Redensart *Bekannt wie ein bunter Hund sein*. Sie ist vermutlich bereits im 17. Jahrhundert entstanden und meint, dass jemand besonders bekannt oder auch stadtbekannt ist. Dabei muss man aber bedenken, dass die Menschen damals in viel kleineren Siedlungen gelebt haben, meist in – nach heutigen Maßstäben – Kleinstädten oder Dörfern. Da wurde jemand mit bestimmten Auffälligkeiten natürlich viel schneller stadtbekannt, als dies heute der Fall ist.

Vom Regen in die Traufe
von einer schlimmen Situation in eine noch schlimmere geraten

Kommt man vom Regen in die Traufe, dann hat sich eine schlechte Lage oder Notsituation, in der man sich befindet, gerade noch einmal verschlimmert. Diese alte Redewendung stammt bereits aus dem 17. Jahrhundert, aus einer Zeit also, als es an den Dächern der Häuser noch keine Dachrinnen gab. Wenn es regnete, floss das auf die Dächer der Gebäude gefallene Regenwasser einfach an den Seiten über die Kanten der Dächer ab. Bei stärkerem Regen und bei einer Bündelung des Wassers konnte daraus ein regelrechter Schwall werden, die Traufe. Stand man redensartlich nun also im Regen, wurde man allmählich nass. Kam man aber in die Traufe, wurde man regelrecht geduscht und dabei schnell bis auf die Haut nass. Da heute aber fast alle Gebäude über Regenrinnen mit Fallrohren verfügen, gibt es kaum noch Traufen – und auch die schöne Redensart hört man heute kaum noch.

Der Stein der Weisen
die Lösung eines Problems oder aller Probleme

Steine begleiten den Menschen bereits seit der Steinzeit, und viele außergewöhnliche Steine haben den Menschen dabei fasziniert und auch in seiner weiteren Entwicklung beeinflusst. Da gab es Steine, mit denen sich Feuer machen ließ, magnetische Steine, Edelsteine, Erze und noch vieles mehr. So ist es auch kein Wunder, dass sich im Mittelalter bei den Alchimisten die Vorstellung eines Steines durchsetzte, mit dessen Hilfe man unedle Stoffe wie Quecksilber oder Blei in Edelmetalle wie Silber und Gold umwandeln könne. Diesen Stoff nannte man den *Stein der Weisen*, auf Arabisch „Elixir". Vermischt mit Rotwein sollte der Stein der Weisen eine Universalmedizin gegen alle Krankheiten ergeben, die sogar das Altern des Menschen verhindern könne. Bekanntlich ist eine solche Substanz nie entdeckt worden, doch aus dem Begriff entwickelte sich die Redensart *Den Stein der Weisen finden*. Gegen Ende des 20. Jahrhunderts wurde sie kaum noch benutzt, doch durch den ersten Band der erfolgreichen „Harry-Potter"-Reihe, „Harry Potter und der Stein der Weisen", ist der Begriff wieder bekannter geworden.

Den Löffel abgeben
sterben

Wenn man den Löffel abgegeben hat, dann geht nichts mehr, denn dann hat man das Zeitliche gesegnet und ist tot. Die Wurzeln dieser Redensart reichen bis ins Mittelalter zurück. Damals war es die Regel, dass jeder Mensch seinen eigenen persönlichen hölzernen Löffel besaß, mit dem er seine Mahlzeiten zu sich nahm, die in jenen Zeiten normalerweise aus Brei bestanden. So wurde der Löffel zum Zeichen für das Leben, denn er symbolisierte die lebensnotwendige Nahrungsaufnahme. Nur wer nie mehr essen würde, brauchte demnach keinen Löffel mehr. Im Gegensatz zu vielen anderen persönlichen Gegenständen wurde der Löffel eines Verstorbenen in der Regel nicht mehr weiter benutzt. Eine Ausnahme bildeten in manchen Gegenden die Knechte, die einen Esslöffel von ihrem Herrn zur Verfügung gestellt bekamen, den sie zurückgeben mussten, wenn sie weiterzogen oder starben. Diese Löffel wurden danach oft noch weiter benutzt. Bleibt zu hoffen, dass diese schöne Redewendung selbst den Löffel noch lange nicht abgibt.

Gehaust wie die Vandalen

alles verwüstet haben, Vandalismus

Die Vandalen waren einst ein kleines Volk, das um die Zeitenwende herum im östlichen Mitteleuropa lebte. Mit dem Beginn der Völkerwanderung machten sie sich auf nach Westen, erreichten zu Beginn des 5. Jahrhunderts Spanien und setzten unter ihrem König Geiserich über nach Nordafrika, wo sie ab 429 das Vandalenreich gründeten. Von hier griffen sie 455 Italien an, wo sie Rom eroberten und plünderten. Im 18. Jahrhundert entstand der Begriff *Vandalismus*, der die bloße Zerstörung aus reiner Lust an der Zerstörung beschreibt. Wenn man allerdings bei den historischen Quellen bleibt, muss man feststellen, dass den Vandalen hier Unrecht getan wurde. Sie plünderten Rom zwar gründlich und systematisch, richteten dabei aber nicht mehr Zerstörungen an, als es damals bei der Plünderung einer Stadt dieser Größe eben üblich war. Dennoch hat sich für sinnlose Zerstörungswut im 19. und 20. Jahrhundert schnell die saloppe Redewendung eingebürgert: „Die haben ja gehaust wie die Vandalen!"

Jedes Wort auf die Goldwaage legen

alles sehr genau und wörtlich nehmen, übervorsichtig formulieren

Gold ist sehr wertvoll, schließlich kommt es meist nur in kleinen Mengen vor. Ein Goldschmied oder Juwelier benötigte deshalb auch in früheren Zeiten schon eine besonders feine und genau messende Waage, um das Edelmetall exakt abwiegen zu können. Eine solche Waage nannte man Goldwaage. Daraus hat sich bereits im antiken Rom die schöne Redewendung *Jedes Wort auf die Goldwaage legen* entwickelt. Richtig bekannt geworden ist sie allerdings erst durch Martin Luther, der sie bei seiner Übersetzung des Buches Jesus Sirach benutzt hat: „Dein Silber und Gold verwahrst du abgewogen, mach auch für deine Worte Waage und Gewicht." Wer also jedes Wort auf die Goldwaage legt, der macht zweierlei: Legt er die Worte, die ein anderer gesprochen hat, auf die Goldwaage, ist er meist sehr pingelig, nimmt alles sehr genau und wörtlich und akzeptiert oft keinen übertragenen Sinn. Wenn jemand allerdings seine eigenen Worte auf die Goldwaage legt, dann formuliert er übertrieben vorsichtig, um auch nur ja nirgendwo anzuecken.

Schmutzige Wäsche waschen

bei einem Streit öffentlich Geheimnisse des Gegners ausplaudern

Bei Scheidungen prominenter Paare, an denen ein gewisses öffentliches Interesse besteht, wird oft schmutzige Wäsche gewaschen, vor allem über die Massenmedien des Boulevards. Das bedeutet, dass jede Seite versucht, die Öffentlichkeit auf seine Seite zu ziehen, indem man Geheimnisse ausplaudert, die den Gegner in diesem „Rosenkrieg" in einem möglichst schlechten Licht dastehen lassen. Diese umgangssprachliche Redensart ist wahrscheinlich im 19. Jahrhundert entstanden, jedenfalls wurde sie nachweislich seit jener Zeit benutzt. Die Herkunft ist recht klar: Im Gegensatz zur Oberbekleidung ist die Unterwäsche, die man direkt am Leib trägt, etwas sehr privates und intimes, das man der Öffentlichkeit in der Regel nicht präsentiert – erst recht nicht, wenn sie schmutzig ist! In besseren Kreisen wusch man seine Wäsche natürlich nicht selbst, sondern überließ dies den Waschweibern, die möglicherweise in die schmutzige Wäsche allerlei hineininterpretieren und als *Gewäsch* unter die Leute bringen konnten.

In die Schranken weisen

jemanden zur Räson bringen, jemandem die Grenzen aufzeigen

Wenn jemand ständig seine Grenzen überschreitet und seinen Mitmenschen damit auf die Nerven fällt, dann darf diese Person sich nicht wundern, wenn sie von einem anderen in die Schranken gewiesen wird. Alternativ gibt es noch die Formulierungen *In seine Schranken weisen, In die Schranken verweisen* und *In seine Schranken verweisen.* Dies alles geschieht meist in der Form einer strengen Zurechtweisung, verbunden mit der dringenden Ermahnung, sich in Zukunft anders zu verhalten und die gesetzten Grenzen einzuhalten. Diese schöne alte Redensart stammt noch aus dem Mittelalter, und zwar aus dem ritterlichen Leben bei Hofe. Ein fester Bestandteil dieses Lebens waren die Ritterturniere, die von Zeit zu Zeit abgehalten wurden. Beim Lanzenstechen ritten die Ritter mit ihren langen Lanzen aufeinander zu und versuchten sich damit gegenseitig aus dem Sattel zu stoßen. Die Kampfbahnen der Ritter waren dabei von hölzernen Schranken getrennt und begrenzt. Nur innerhalb dieser Schranken konnte der Ritter ehrenhaft kämpfen.

Sich den Schuh anziehen
Schuld auf sich nehmen, Kritik annehmen

Es gibt das alte deutsche Sprichwort: „Wem der Schuh passt, der zieht ihn sich an." Damit ist gemeint, dass jemand völlig zu recht die Verantwortung für etwas übernimmt, das er oder sie zu verschulden hat. Auch wenn jemand eine gerechtfertigte Kritik an seiner Person annimmt, dann kann dieses Sprichwort zum Zuge kommen. Wann es genau entstanden ist und woher es kommt, kann heute nicht mehr genau geklärt werden. Umgangssprachlich ist daraus die verkürzte Redensart geworden: *Sich den Schuh anziehen*. Damit ist dasselbe gemeint wie bei dem oben erwähnten Sprichwort. Umgekehrt gibt es diese Redewendung aber auch mit der Verneinung *Sich den Schuh nicht anziehen*. Damit ist dann im Gegenteil gemeint, dass jemand die Verantwortung für etwas Bestimmtes ablehnt oder von sich weist. Handelt es sich um Kritik an der betreffenden Person, so wird diese durch die Redewendung ebenfalls als nicht zutreffend zurückgewiesen.

Ein Auge auf jemanden/etwas werfen
sich für jemanden oder etwas besonders stark interessieren

Keine Angst, es tut nicht weh – auch wenn es sich wörtlich genommen ganz schön schmerzhaft anhört. Wenn sich jemand für einen anderen Menschen oder auch ein Ding besonders stark interessierte, sagte man in früheren Zeiten, man habe ein Auge auf jemanden oder etwas geworfen. Diese Redewendung ist schon sehr alt, sie kommt bereits in der Bibel vor. Hier berichtet der Prophet Daniel davon, wie sich zwei alte Richter in die schöne, aber bereits verheiratete Susanna verliebten: „Da die Alten Susanna täglich im Garten umhergehen sahen, wurden sie entzündet mit böser Lust, und sie warfen die Augen so ganz auf sie, dass sie nicht gen Himmel sehen konnten und weder Gottes Wort noch Strafe gedachten." Meist wirft man ein Auge auf jemanden, indem man sich in ihn oder sie zu verlieben beginnt. Aber auch auf Dinge, die man gerne besitzen würde, kann man ein Auge werfen. Heutzutage ist diese schöne Redensart sehr aus der Mode gekommen, sodass man sie nur noch selten hört.

Gegen Windmühlen kämpfen
einen aussichtslosen oder sinnlosen Kampf führen

Wer gegen Windmühlen kämpft, hat schlechte Karten, denn diesen Kampf kann man eigentlich nicht gewinnen. Die Redensart geht zurück auf den zu Beginn des 17. Jahrhunderts erschienenen Roman „Don Quijote de la Mancha" des spanischen Schriftstellers Miguel de Cervantes. Eine Episode dieses Romans handelt vom Kampf des mit einer gehörigen Portion Wahnsinn ausgestatteten Titelhelden gegen die Windmühlen, die er in seiner Verblendung für vielarmige Riesen hält. Obwohl dies gar nicht die wichtigste Episode des Romans ist, wurde sie doch bis heute die bekannteste, weil sie symbolhaft vom aussichtslosen Kampf des Menschen gegen eine übermächtige Maschine erzählt – ein Thema, das bis heute aktuell geblieben ist. *Gegen Windmühlen kämpfen* wurde schnell zum geflügelten Wort für einen aussichtslosen oder auch einen sinnlosen Kampf. Heute gibt es kaum noch Windmühlen, und auch der Roman von Cervantes gerät immer mehr in Vergessenheit, sodass auch die Redewendung kaum noch gebräuchlich ist.

Die eierlegende Wollmilchsau
etwas, das rundum nur Vorteile bietet

Kann man eine eierlegende Wollmilchsau sein eigen nennen, dann ist man ein vom Schicksal besonders begünstigter Mensch. Das Problem ist nur, dass es dieses Fantasietier gar nicht gibt. So war es wohl nichts mit dem Glück. Dennoch steht der Begriff für ein perfektes Nutztier, das Eier legt wie ein Huhn, Wolle hat wie ein Schaf, Milch gibt wie eine Kuh und Fleisch liefert wie ein Schwein. Im übertragenen Sinne steht die eierlegende Wollmilchsau deshalb stellvertretend für eine Sache, die rundum allen nur Nutzen bietet, ohne Nachteile mit sich zu bringen. Das Tier tauchte erstmals 1959 in einem Gedicht zum 70. Geburtstag des DDR-Schriftstellers Ludwig Renn auf und verbreitete sich in den 1960er-Jahren in beiden Teilen Deutschlands rasant. Leider begegnet man der eierlegenden Wollmilchsau heute kaum noch, auch wenn der Wunsch, eine zu besitzen, bei den meisten Menschen tief im Inneren immer noch weiterlebt.

So sicher wie das Amen in der Kirche

vollkommen sicher

Will man garantiert und hundertprozentig sicher ein „Amen" hören, dann muss man zu einem Gottesdienst in eine evangelische oder katholische Kirche gehen, denn hier wird jedes Gebet mit einem „Amen" beendet, was so viel bedeutet wie „so sei es" oder „so geschehe es". Mit anderen Worten: Das Amen in der Kirche ist sicher. Nur damit keine Missverständnisse aufkommen: Es handelt sich hier nur um die Bedeutung des Wortes „sicher" im Sinne von „gewiss", nicht aber im Sinne von „gefahrlos"! Und weil das Amen in der Kirche so sicher ist, hat sich im Laufe der Zeit die schöne Redewendung herausgebildet, die man benutzt, wenn man meint, dass ein Sachverhalt vollkommen sicher ist. Ob es daran liegt, dass Umfragen zufolge immer weniger Menschen in die Kirche gehen oder sogar aus ihr austreten, kann nicht geklärt werden, Tatsache jedoch ist, dass man diese alte Redensart in den letzten Jahren immer seltener hört.

Mit jemandem ist nicht gut Kirschen essen

Jemand ist ein sehr wenig umgänglicher Mensch.

Der Dominikanermönch Ulrich Boner lebte im 14. Jahrhundert in Bern, und er war ein wahrhaft weitsichtiger Mensch. In einer seiner Schriften warnte er bereits um 1350 seine Mitmenschen: „Wer mit Herren Kirschen esse, dem werfen sie danach die Stiele in die Augen." Dazu muss man wissen, dass Kirschen im Mittelalter noch sehr selten und folglich auch sehr wertvoll und teuer waren. Nur wenige, meist reiche Menschen oder hochgestellte Persönlichkeiten besaßen in ihren Gärten einen Kirschbaum. Wenn man also in den Genuss der süßen kleinen Früchte kommen wollte, musste man sich dazustellen, wenn ein Kirschbaumbesitzer seine Früchte erntete und hoffen, dass man ein paar davon abbekam. Davon waren die Baumbesitzer natürlich nicht gerade besonders begeistert, und nicht selten bespuckten sie in der Tat die Zaungäste mit den Kirschkernen. Das ist natürlich nicht nett, und daraus entwickelte sich die Redewendung, dass man mit jemandem nicht gut Kirschen essen kann, zur Charakterisierung eines sehr unfreundlichen Menschen, mit dem man kaum auskommen kann.

Farbe bekennen
sich positionieren, die Wahrheit sagen

Oft wird beispielsweise von Politikern verlangt, in irgendeiner Angelegenheit endlich Farbe zu bekennen. Damit ist gemeint, dass der betreffende Politiker endlich klipp und klar sagen soll, was er oder seine Partei von einer bestimmten Sache denkt und wie er in Zukunft damit umgehen will, sprich: welche Entscheidungen er treffen wird oder zumindest würde, falls er an die Macht käme. Die schöne Redewendung *Farbe bekennen* stammt aus dem 18. Jahrhundert und aus dem Bereich des Kartenspiels. Hier gibt es Spiele wie Skat oder Doppelkopf, bei denen man eine aufgespielte Kartenfarbe zwingend bedienen muss, wenn man kann. Beim Doppelkopf entscheidet sich dadurch letztlich sogar, welcher Spieler mit welchem anderen Spieler zusammenspielt. Leider verlieren diese Kartenspiele bei der jüngeren Generation angesichts der vielfältigen elektronischen Spiele zunehmend an Beliebtheit, was sich auch auf den Gebrauch der Redensart auszuwirken scheint.

Wie eine gesengte Sau
sehr schnell und rücksichtslos

Wenn man mit dem Auto fährt wie eine gesengte Sau, dann riskiert man in diesem Moment entweder einen Unfall oder den Verlust des Führerscheins durch die Polizei – oder im schlimmsten Fall sogar beides. *Wie eine gesengte Sau* ist nämlich ziemlich zutreffend die Beschreibung für den Fahrstil eines rücksichtslosen Rasers. Für diese umgangssprachliche und stark abwertende Redensart gibt es verschiedene Erklärungsansätze. Ein älterer zieht die Jägersprache heran: Trifft ein Jäger ein Wildschwein nicht richtig und sengt ihm mit dem Schuss nur das Fell an, rast dieses eben davon wie eine gesengte Sau. Ein anderer Ansatz kommt aus dem Bereich des Schlachtens. Wenn das Schwein tot ist, werden ihm die Borsten abgesengt. Ist es aber aus irgendeinem Grund doch noch nicht ganz tot, wird es in diesem Fall ebenfalls wie eine gesengte Sau zu fliehen versuchen. Nach wie vor wird auf unseren Straßen Tag für Tag genug Anlass für die Benutzung dieser Redensart geboten.

Kapitel **4**

Sprichwörter

Lehren, die das Leben erteilt

Von Ratten, Krähen
und stinkendem Geld

Die Axt im Haus erspart den Zimmermann

Es ist gut, über handwerkliches Geschick zu verfügen.

In dem Drama „Wilhelm Tell" des großen deutschen Dichters Friedrich Schiller repariert der Titelheld in der ersten Szene des dritten Aufzugs mit einer Zimmeraxt ein Tor und spricht dann zufrieden: „Jetzt, mein ich, hält das Tor auf Jahr und Tag. *Die Axt im Haus erspart den Zimmermann."* Daraus hat sich ein geflügeltes Wort entwickelt, das im 19. und im 20. Jahrhundert recht gebräuchlich war, heute aber nur noch vereinzelt zu hören ist. Mit der Redensart meint man, dass es von Vorteil ist, nach dem Motto *Selbst ist der Mann* über eigenes handwerkliches Geschick verfügen, und zwar gleich aus zweierlei Gründen. Erstens spart man Geld, wenn man nicht ständig einen Handwerker rufen muss, und zweitens – und das ist auch die Hauptbedeutung der Redewendung – ist man als „Selfmademan" viel weniger auf die Hilfe anderer angewiesen. Hoffentlich nur scherzhaft gemeint ist die Abwandlung: *Die Axt im Haus erspart die Scheidung.*

Mit ihm/ihr kann man Pferde stehlen

Auf ihn/sie kann ich mich total verlassen.

Wenn man einen total guten Freund oder eine Freundin hat, auf den oder die man sich in jeder Situation hundertprozentig verlassen kann, dann sagte man früher oft: *Mit ihm oder ihr kann man Pferde stehlen.* Entstanden ist diese Redewendung vermutlich bereits im 15. oder 16. Jahrhundert, nachweislich und schriftlich belegt ist sie seit dem frühen 17. Jahrhundert. In jener Zeit waren Pferde ein sehr wertvoller Besitz, der den einfachen Menschen damals in aller Regel vorenthalten war. Der Pferdediebstahl wurde als ein sehr schweres Verbrechen angesehen und mit dementsprechend schweren Strafen geahndet. Er galt daher als besonders riskant. Wer also gemeinsam mit einer anderen Person ein Pferd stehlen wollte, brauchte einen sehr zuverlässigen Komplizen, auf den er sich hundertprozentig verlassen konnte. Obwohl es heute – im Vergleich zu früheren Zeiten – nur noch wenige Pferde gibt und das Sprichwort mittlerweile aus der Mode ist, hat sich ein zeitgemäßer Ersatz – etwa: „Mit ihm/ihr kann man Fahrräder klauen" oder ähnlich – bisher noch nicht herausgebildet.

Wer vom Rathaus kommt, ist klüger

Nachher weiß man alles besser.

Immer wieder gerät man im Leben in Situationen, in denen man vor Entscheidungen steht, die tiefgreifende Konsequenzen haben können. Und oft genug weiß man nicht, welche Entscheidung man treffen soll, damit alles gut wird. Stellt man dann im Nachhinein fest, dass die getroffene Entscheidung die richtige war, kann man sich getrost zurücklehnen und sich der Gewissheit hingeben, alles richtig gemacht zu haben. War die getroffene Entscheidung aber falsch, hat man dann mit den negativen Konsequenzen zu kämpfen und wird sich oft genug sagen: „Hätt' ich doch anders gehandelt." Das ist verständlich, denn nachher ist man immer klüger. Für diesen Fall hat sich im 19. Jahrhundert die Redensart etabliert: *Wer vom Rathaus kommt, ist klüger.* Dabei wird dem Rathaus die Rolle eines Horts der Weisheit zugewiesen, frei nach dem Motto: „Die da oben" wissen eben einfach mehr als „wir hier unten". Vielleicht trifft es ja zu, dass die Bürger den Politikern heute viel weniger zutrauen als in vergangenen Zeiten, fest steht jedoch, dass diese Redewendung kaum noch benutzt wird.

Nicht für die Schule, sondern fürs Leben lernen wir

Was man in der Schule lernt, ist wichtig fürs Leben.

Ein Sprichwort, mit dem man schon Generationen von Schülern gequält hat, ist das schöne *Nicht für die Schule, sondern fürs Leben lernen wir.* Damit soll den Schülern klar gemacht werden, dass sie – auch wenn es ihnen in diesem Moment vielleicht nicht so vorkommt oder auch nicht so einfach ersichtlich ist – alles das, was sie in der Schule lernen, später in ihrem Leben gebrauchen können. Die Redewendung ist beinahe so alt wie die Schule selbst, geht sie doch bereits auf den römischen Philosophen Seneca zurück, der im 1. Jahrhundert gelebt hat. Allerdings findet man die Redensart hier in verdrehter Form vor, denn hier heißt es *Non vitae, sed scholae discimus*, also *Nicht für das Leben, sondern für die Schule lernen wir*. Dies war jedoch eine ironische Kritik an den damaligen römischen Philosophenschulen, deren Ausbildung Seneca für weltfremd hielt. Flugs wurde daraus dann das bekannte *Non scholae, sed vitae discimus*. Leider wird diese Redewendung heute immer seltener benutzt, obwohl sie vielleicht doch das Wichtigste ist, das man in der Schule überhaupt lernen kann.

Da ist Schmalhans Küchenmeister
Da gibt es nur wenig zu essen; sie sind arm oder geizig.

Heißt es über jemanden, bei ihm sei ein ominöser Bursche namens *Schmalhans Küchenmeister*, dann ist gemeint, dass es bei demjenigen, von dem die Rede ist, nur sehr wenig zu essen gibt. Der Begriff „schmal" wurde früher nämlich nicht nur wie heute im Sinne von „nicht breit" verwendet, sondern bedeutete auch „karg" oder „wenig". „Hans" dagegen ist ein alter, früher sehr häufiger Männername, der in zahlreichen Redensarten enthalten ist wie etwa *Hansdampf in allen Gassen*. Der *Schmalhans* ist wahrscheinlich im 17. Jahrhundert als Verballhornung des älteren *Prahlhans* – was so viel bedeutet wie „Angeber" – entstanden. Dahinter steckt die Vorstellung, dass ein Koch in einem Haushalt, in dem es nur wenig zu essen gibt, selbst auch sehr dünn sein müsse. Die Gründe für diesen Nahrungsmangel können verschiedener Natur sein. In der überwiegenden Mehrheit wurde die Redewendung wohl zur Charakterisierung großer Armut verwendet, aber auch Geiz konnte damit gemeint sein.

Hunde, die bellen, beißen nicht
große Klappe, nichts dahinter

Gar nicht so selten kommt es zu Situationen, in denen eine Person einer anderen gegenüber leere Drohungen ausstößt, denen im weiteren Verlauf dann keine Taten folgen. In solchen Fällen sagte man umgangssprachlich früher: *Hunde, die bellen, beißen nicht!* Dahinter steckt auch die umgekehrte Erfahrung, dass jemand, der einer anderen Person ernsthaft schaden will, dies in aller Regel vorher nicht auch noch groß ankündigt. Entstanden ist die Redewendung durch Beobachtung des Verhaltens von Hunden. Es liegt im Verhaltensrepertoire vor allem von weiblichen Hunden, dass sie untereinander vor auch noch so ernsten Kämpfen keinerlei Vorwarnung geben. Rüden hingegen setzen untereinander vielfältige Droh- und Unterwerfungsrituale ein, sodass es hier nur selten zu ernsthaften Kämpfen kommt. Verlassen kann man sich darauf vor allem bei einem Konflikt zwischen Mensch und Hund allerdings nicht, und so ist es vielleicht gar nicht schlecht, dass dieses Sprichwort heute nicht mehr so geläufig ist.

Eine Schwalbe macht noch keinen Sommer

Aufgrund einzelner Anzeichen sollte man keine verallgemeinernden Schlüsse ziehen.

Der jeweilige Witterungsverlauf eines Jahres hat große Auswirkungen auf die landwirtschaftlichen Arbeiten, und in früheren Jahrhunderten orientierten sich die Bauern viel stärker an der Naturbeobachtung als heute. Eine alte Bauernregel lautet: *Eine Schwalbe macht noch keinen Sommer.* Wenn alle Schwalben zurückgekehrt waren, hatte sich die Gefahr von Spätfrösten in der Regel erledigt, aber bei einer einzelnen Schwalbe konnte man sich noch nicht sicher sein, dass der Winter wirklich endgültig vorbei ist. Das Sprichwort geht auf den griechischen Dichter Äsop zurück, der um 600 v. Chr. lebte. In seiner Fabel „Der verschwenderische Jüngling und die Schwalbe" verkauft ein junger Mann, der gerade seine Habe verprasst hat, auch noch seinen warmen Mantel, weil er eine Schwalbe sieht und denkt, dass der Winter vorbei sei. Ist er aber nicht, die Schwalbe erfriert und auch dem Jüngling ergeht es ohne Mantel schlecht. Im übertragenen Sinne heißt das, dass man nicht voreilig aufgrund eines einzelnen Ereignisses eine Verallgemeinerung treffen soll.

Eine Krähe hackt der anderen kein Auge aus

Gleichgesinnte halten zusammen.

Gelegentlich benötigt man einen Fachmann, um die Arbeit eines anderen Fachmanns begutachten zu lassen. Beispielsweise braucht man das Urteil eines Arztes, um feststellen zu können, ob eine Behandlung durch einen anderen Arzt fach- und sachgerecht durchgeführt worden ist oder ob Kunstfehler gemacht wurden. Oder man sucht den Rat eines Rechtsanwaltes, wenn man der Meinung ist, man sei vorher durch einen anderen Rechtsanwalt schlecht vertreten worden. Oftmals kommt es bei einer solchen Überprüfung zu keinen greifbaren Ergebnissen, und dann sagte der Volksmund in früheren Zeiten: *Eine Krähe hackt der anderen kein Auge aus.* Diese sehr alte Redewendung ist wahrscheinlich wirklich aus der Beobachtung der Krähen entstanden. Diese großen Vögel können anderen Tieren gegenüber sehr aggressiv sein, meist hacken sie mit ihren furchteinflößenden Schnäbeln nach den Augen ihrer Gegner. Bei Kämpfen untereinander hacken sie zwar auch nach den Köpfen ihrer Kontrahenten, aber nicht nach ihren Augen.

Die Ratten verlassen das sinkende Schiff

Die Ersten wenden sich von einer zum Scheitern drohenden Unternehmung ab.

Die Seeleute waren sich schon im Mittelalter einig: Verließen die Ratten ein Schiff, war dies ein untrügliches Zeichen dafür, dass dieses dem Untergang geweiht war. Man sagte den Ratten damals übernatürliche Kräfte nach, die es ihnen ermöglichten, in die Zukunft zu schauen und das Schicksal des Schiffes schon vorher zu sehen. Manchmal sollen die Nager das verlorene Schiff bereits vor Fahrtantritt im Hafen verlassen haben. Geriet das Schiff auf hoher See in Seenot, stürzten sich die Ratten auch auf See von Bord, um dem drohenden Untergang zu entgehen. Das Sprichwort *Die Ratten verlassen das sinkende Schiff* bezeichnet denn auch eine Situation, in der sich die ersten Mitarbeiter von einer Firma oder einem Projekt abwenden, weil sie erkannt haben, dass kein Erfolg zu erwarten ist. Dabei bekommt der Begriff „Ratten" je nach Lesart gelegentlich einen negativen Beigeschmack, gelegentlich wiederum auch nicht. Wenn man unterstellt, dass diejenigen, die vielleicht am Scheitern Schuld tragen, als erste die Flucht ergreifen, kann man „Ratten" durchaus als Beschimpfung verstehen. Geht man einfach davon aus, dass es vielleicht die Schlauen und Aufmerksamen sind, die die Situation als Erste erfassen, liegt – wie auch bei den ursprünglichen Ratten auf den Schiffen – keine Verunglimpfung vor.

Geld stinkt nicht

Es ist egal, woher Geld stammt.

In der Beschaffung von Steuergeldern für die leeren Staatskassen waren auch die Herrscher vergangener Jahrhunderte und Jahrtausende bereits sehr findig. Beim Nachdenken über neue Einnahmequellen kam dem römischen Kaiser Vespasian schon im 1. Jahrhundert die Idee einer Toilettensteuer. Damals gab es in Rom zahlreiche öffentliche Toiletten, auf denen die Leute urinieren konnten. Der anfallende Urin wurde wiederum von den Gerbern für die Lederherstellung benötigt und deshalb zu Ammoniak weiterverarbeitet. Also beteiligte sich der römische Staat steuerlich an dieser Wertschöpfungskette. Als Vespasian seinem Sohn Titus die Idee vorstellte, war dieser zunächst überhaupt nicht begeistert. Daraufhin hielt der Kaiser Titus Geld aus diesen Steuereinnahmen unter die Nase und fragte ihn, ob er etwas rieche. Als dieser verneinte, entstand der berühmte Satz: *Pecunia non olet – Geld stinkt nicht*. Über die Jahrhunderte bezeichnete diese Redewendung die Auffassung, dass es egal sei, woher Geld stammt. Dem kann man allerdings nur für legal erworbenes Geld zustimmen, denn illegal erworbenes Geld stinkt zumindest moralisch auch heute noch zum Himmel.

Reden ist Silber, Schweigen ist Gold

Manchmal sollte man lieber einmal den Mund halten.

In der Bibel heißt es gleich an zwei Stellen, dass Reden Silber sei. Einmal findet man in Psalm 12,7 die Formulierung: „Die Worte des Herren sind lauter wie Silber", und im Buch der Sprichwörter Salomos 10,20 steht: „Des Gerechten Zunge ist kostbares Silber." So ist leicht zu erklären, woher der erste Teil des Sprichworts kommt: *Reden ist Silber*. Probleme macht da schon eher der zweite Teil der Redensart: *Schweigen ist Gold*. Darüber findet sich zumindest in der Bibel nichts, und so führen manche Zitatenforscher das geflügelte Wort auf den Koran zurück, ohne allerdings Belege für ihre Annahme liefern zu können. Der Sinn der Wendung liegt jedenfalls auf der Hand. Gold ist wertvoller als Silber, daher: Oftmals ist es gut und nützlich, zu reden, aber manchmal aber ist es noch besser, zu schweigen. Eine ganz ähnliche Bedeutung hat der ebenfalls kaum noch benutzte alte lateinische Spruch *Si tacuisses, philosophus mansisses*, was so viel bedeutet wie: *Wenn du geschwiegen hättest, hätte man dich für einen Philosophen gehalten*.

Einem geschenkten Gaul schaut man nicht ins Maul

Man soll ein Geschenk nicht kritisieren oder daran herummäkeln.

In früheren Zeiten waren Pferde das Verkehrsmittel Nummer eins. Unzählige der eleganten Vierbeiner waren als Reit-, Kutsch- oder Arbeitspferde im Einsatz, und dementsprechend groß und bedeutend war auch der Pferdehandel. Wie heute beim Gebrauchtwagenhandel, so waren auch früher schon beim Pferdehandel so manche Tricks an der Tagesordnung. Deshalb schauten potenzielle Käufer den Pferden in die Mäuler, denn am Grad der Abnutzung der Zähne konnte man mit etwas Erfahrung relativ genau das tatsächliche Alter des Gauls abschätzen. Danach berechnete sich am Ende dann natürlich auch der Preis. Anders war es, wenn man ein Pferd geschenkt bekam. Schon die Römer kannten das Sprichwort *Noli equi dentes inspicere donati! – Untersuche die Zähne eines geschenktes Pferdes nicht so genau!* Daraus wurde die Bedeutung, dass man aus Höflichkeit Geschenke allgemein nicht kritisieren oder daran herummäkeln soll. Vielleicht hat auch der große Bedeutungsverlust, den die Pferde erlitten haben, dazu geführt, dass dieses schöne Sprichwort heute immer weniger gebraucht wird.

Wir werden das Kind schon schaukeln

Alles wird gut.

Schreiende Babys können einen ganz schön auf Trab halten. Hat der Nachwuchs einen Schreianfall, kann man eigentlich gar nichts anderes mehr tun, als ihn möglichst schnell zu beruhigen. Alle anderen Tätigkeiten müssen dann erst einmal hinten anstehen. In früheren Zeiten beruhigte man schreiende Babys, indem man sie in ihrer Wiege sanft hin und her schaukelte. Wenn diese Tätigkeit anstelle der Eltern jedoch jemand anderes ausführte, hatte diese die Hände frei, um ihre begonnenen Tätigkeiten zu einem erfolgreichen Ende zu führen. Aus diesem Bild hat sich das Sprichwort entwickelt: *Wir werden das Kind schon schaukeln.* Damit soll optimistisch ausgedrückt werden, dass eine begonnene Tätigkeit oder Unternehmung sicher zu einem guten Ende gelangen wird. Aus dieser bis ins 20. Jahrhundert hinein sehr gebräuchlichen Redensart hat sich die Version *Wir werden das Ding schon schaukeln* herausgebildet, die man aber auch nicht mehr allzu oft hört.

Da beißt die Maus keinen Faden ab
Das ist sicher; das ist so. Ende!

In früheren Jahrhunderten ging man nicht einfach in ein Bekleidungshaus und kaufte sich seine Kleidung von der Stange, sondern man ging zu einem Schneider – wenn man es sich denn leisten konnte – und ließ sich die Kleidung maßgerecht auf den Leib schneidern. Dazu konnten viele Schneider wohl auch Stoffe anbieten, doch üblich war dies – vor allem bei wertvolleren Stoffen – nicht. Deshalb brachte man oftmals seine eigenen Stoffe mit zum Schneider, damit der daraus das gewünschte Kleidungsstück schneidere. Nun war es aber sehr betrüblich, wenn der Stoff während seiner Verwahrung durch den Schneider Schaden nahm, etwa durch Mäusefraß. Deshalb versicherte der Schneider dem Kunden: *Da beißt die Maus keinen Faden ab!* Damit wollte er betonen, dass der Stoff bei ihm in absolut sicheren Händen war. Für diese heute aus der Mode gekommene Redewendung gibt es noch eine Handvoll weitere Erklärungsversuche, die aber alle an irgendeiner Stelle nicht so recht einleuchtend sind.

Auf jeden Topf passt ein Deckel
Jeder wird einmal jemanden finden, der zu ihm passt.

Wenn eine Person lange keinen zu ihr passenden Lebenspartner findet und schon langsam der Verzweiflung nahekommt, sagte man früher umgangssprachlich oft: *Auf jeden Topf passt ein Deckel.* Damit meinte man, dass es für jeden Menschen einen passenden Partner gibt, irgendwo da draußen in der Welt. Hatte die betreffende Person dann endlich jemanden gefunden, mit dem sie gut harmonierte, sagte man in Abwandlung der oben genannten Redewendung: *Sie passen zusammen wie Topf und Deckel.* Bei diesen Redensarten muss man aber bedenken, dass Töpfe mit ihren Deckeln in früheren Jahrhunderten in Handarbeit hergestellt wurden und mithin in Größe und Form Unikate waren. Heute werden Töpfe industriell in wenigen verschiedenen Standardgrößen hergestellt, sodass die Deckel bei den einzelnen Größen frei austauschbar sind. Ob dieses Sprichwort aus diesem Grund heute immer seltener anzutreffen ist, sei allerdings dahingestellt.

83

Wie der Herr, so's Gescherr

Negative Eigenschaften eines Chefs oder Vaters färben auf die Untergebenen und Nachkommen ab.

Manche Menschen haben in der Allgemeinheit keinen guten Ruf, weil sie einfach zu viele als negativ bewertete Eigenschaften besitzen und ihnen die Harmonie mit den Mitmenschen egal ist. Angenommen, man lernt nun Familienmitglieder oder Mitarbeiter solcher Personen kennen und stellt an ihnen ebenfalls negative Charaktereigenschaften fest, führt man sie oft auf den Charakter des Vaters oder des Chefs zurück. Der Volksmund sagte in früheren Zeiten in solchen Fällen abwertend: *Wie der Herr, so's Gescherr.* Der Begriff „Gescherr" meint dabei ein Geschirr, in dem etwa Zugtiere vor einem Karren angeschirrt wurden. Die Redensart ist sehr alt und geht vermutlich auf den römischen Dichter Titus Petronius zurück, in dessen Roman „Satyricon" aus der ersten Hälfte des 1. Jahrhunderts es bereits heißt: *Wie der Herr, so der Sklave.* Später wurde daraus: *Wie der Herr, so der Knecht,* und sinngemäß gleich sind – zumindest in Bezug auf familiäre Bindungen – auch die Sprichwörter: *Der Apfel fällt nicht weit vom Stamm,* und *Wie der Vater, so der Sohn.*

Früher war alles besser

Man kommt in der modernen Welt nicht mehr zurecht.

Früher war alles besser ist nur eine Version der unzähligen Redewendungen, die mit „früher" beginnen und irgendwelche Verhältnisse in vergangenen Zeiten pauschal als besser beurteilen als die jeweils in der Gegenwart herrschenden. Dabei liegt es wohl auf der Hand, dass es zu keiner Zeit die junge Generation war, die so etwas gesagt hat, sondern eher die älteren Menschen, die den Zeiten ihrer Jugend nachtrauerten. Verstärkt werden kann dieses rückblickende Gefühl vor allem dann, wenn sich während ihres Lebens in der Zeit zwischen Jugend und Alter in der Gesellschaft einschneidende Umwälzungen ereignet haben, sei es durch technische Revolutionen, politische Umstürze, Kriege oder was auch immer, sodass es wirklich eine „alte Zeit" gab, in der alles zumindest grundlegend anders war. Die heutzutage eher zur Floskel verkommene Redensart und die ihr zugrundeliegende Haltung ist in den letzten Jahrzehnten zunehmend zur Zielscheibe zahlreicher Spötteleien und Verunstaltungen geworden, etwa in Formen mit ironischen Zusätzen wie: *Früher war alles besser – und aus Holz!* Unvergessen ist auch Loriots Figur Opa Hoppenstedt mit seiner weihnachtlichen Feststellung: *Früher war mehr Lametta!*

Wer anderen eine Grube gräbt, fällt selbst hinein

Etwas, das man einem anderen antun will, wendet sich gegen einen selbst.

Eines der ältesten Sprichwörter überhaupt heißt: *Wer anderen eine Grube gräbt, fällt selbst hinein*. Schon im Alten Testament der Bibel taucht es auf, und zwar gleich an zwei verschiedenen Stellen. Einmal heißt es im Buch Kohelet 10,8 im Hinblick auf allgemein lauernde Gefahren des Alltags: „Wer ein Grube gräbt, kann hineinfallen." An anderer Stelle steht im Buch der Sprichwörter 26,27 – an dieser Stelle schon sinngemäß gleich mit dem Sprichwort – geschrieben: „Wer ein Grube gräbt, fällt selbst hinein." Daraus hat sich dann über Jahrhunderte die Redewendung entwickelt, die davor warnt, einer anderen Person mutwillig Schaden zufügen zu wollen. Zum einen ist dies nämlich moralisch verwerflich, zum anderen kann man sogar schlimmstenfalls in die selbst gestellte Falle tappen oder die Folgen des eigenen Handelns verkehren sich gegen den Handelnden selbst. Ein klassischer Fall ist etwa das Streuen von schlimmen Gerüchten, das den Täter wegen Verleumdung oder übler Nachrede selbst vor Gericht bringen kann.

Wer im Glashaus sitzt, sollte nicht mit Steinen werfen

Wer selber Dreck am Stecken hat, der sollte nicht andere beschuldigen.

In alten Zeiten besaßen Steine eine große Bedeutung als Waffen und auch als Mittel der Bestrafung, bis hin zur Hinrichtung durch Steinigung, die sogar heute noch in ein paar besonders rückständigen Staaten praktiziert wird. Wer also früher mit Steinen auf eine andere Person warf, der wollte diese zumindest anprangern, wenn nicht gar bestrafen. Bildhaft steht das Werfen der Steine aber auch für eine Anklage vor Gericht. Oft genug hat es sich nun aber zugetragen, dass jemand, der andere vor Gericht beschuldigte, im Laufe des Verfahrens selbst als schuldig oder mitschuldig entlarvt werden konnte. Daraus ist dann im Laufe der Zeit das Sprichwort entstanden: *Wer im Glashaus sitzt, sollte nicht mit Steinen werfen*, denn dadurch zerstört er in erster Linie sein Glashaus. Der schöne alte Spruch gerät heute leider immer mehr in Vergessenheit, dabei gibt es nach wie vor immer wieder Anlass für seinen Gebrauch, etwa wenn Zeitungsleser in Leserbriefen die mangelnde Rechtschreibung in der Zeitung anprangern, dabei selbst aber viele Rechtschreibfehler machen.

Es ist noch kein Meister vom Himmel gefallen

Aller Anfang ist schwer.

Wenn man bei irgendeiner Sache neu ist, hat man mit allerlei Anfangsschwierigkeiten zu kämpfen. Man macht Fehler, die Ergebnisse stimmen nicht, und wenn man zur Überzeugung gelangt, dass die ganze Sache doch vielleicht nicht die Richtige ist, stellt sich am Ende Frustration ein. Dies ist genau die richtige Situation, um das Sprichwort *Es ist noch kein Meister vom Himmel gefallen* anzubringen. Seine genaue Herkunft und auch die Zeit seiner Entstehung ist nicht mehr genau zu klären, aber es passt genau, denn es bedeutet so viel wie: *Aller Anfang ist schwer*. Damit ist gemeint, dass man sich in schwierigen Angelegenheiten die Kompetenz erst über einen längeren Zeitraum erarbeiten muss. Auch ein Meister hat eine lange Zeit gebraucht, um in seinem Fach so gut zu werden, wie er eben ist. Das *fällt eben nicht vom Himmel* – diese schöne alte Formulierung steht dafür, dass etwas plötzlich und unerwartet geschieht. Da dieses Sprichwort früher auch viel im Bereich der Schule verwendet wurde, liegt es auf der Hand, dass es bei der jungen Generation nie beliebt war und es auch nie werden wird.

Mit Speck fängt man Mäuse

Mit dem richtigen Angebot kann man jeden ködern.

In den vielen Jahrtausenden der menschlichen Entwicklung haben sich einige Tierarten perfekt an den Menschen angepasst. Unter diesen Begleitern findet man auch die Hausmaus, die sich von den Vorräten der Menschen ernährt und deshalb recht unbeliebt ist. Legionen von Katzen sind auf sie losgelassen worden, zahlreiche Hunderassen hat man speziell für die Mäusebekämpfung gezüchtet, und Millionen von Mäusen haben schon in den verschiedensten Mausefallen ihren letzten Atemzug getan, doch letztlich widersteht die Hausmaus bis heute allen Ausrottungsfeldzügen. Irgendwie hat sich die Meinung durchgesetzt, dass sich als Köder in Mausefallen am besten Käse eignet, doch dies ist nicht wahr, denn es gilt: *Mit Speck fängt man Mäuse!* Und weil Speck ein so guter Köder ist, hat sich der Volksmund dieses Umstands bemächtigt und schnell ein geflügeltes Wort daraus gemacht. Wenn man es verwendet, deutet man an, dass es wohl nur eine Frage des richtigen Köders ist, um jemanden dazu zu bringen, etwas Bestimmtes zu tun.

Pack schlägt sich, Pack verträgt sich
Gesindel streitet sich nicht ewig.

Wenn zwischen Menschen einer besonderen Art Streit ausbricht, sollte man sich nicht einmischen, da sich diese genauso schnell auch wieder vertragen und man dann schnell zwischen den Fronten stehen kann. Beispiele für solches Verhalten gibt es leider an fast jedem Samstag, wenn in den Stadien die Fußballspiele laufen. Oft genug kommt es zu Prügeleien zwischen rivalisierenden Rowdy-Gruppen, doch wenn die Polizei eintrifft, verbünden sich die eben noch verfeindeten Gruppen gegen die Ordnungshüter. Der Volksmund sagte dazu früher abwertend: *Pack schlägt sich, Pack verträgt sich.* „Pack" ist dabei ein stark herabsetzendes Wort für eine Gruppe von Menschen, die damit als „Pöbel", „Abschaum" und „Gesindel" herabgewürdigt werden. Und obwohl es nach wie vor jede Menge Anlass für die Benutzung dieses Sprichwortes gäbe, ist es leider doch beinahe fast schon ganz in Vergessenheit geraten.

Sich regen bringt Segen
Man muss aktiv sein, um Erfolg zu haben; Bewegung ist gesund.

Das schöne alte Sprichwort *Sich regen bringt Segen* hat gleich zwei unterschiedliche Bedeutungen. Zum einen kann es rein körperlich gemeint sein. Dann bedeutet es etwa so viel wie: „Bewegung ist gesund". In einem anderen Sinne meint die Redewendung aber auch: „Man muss aktiv sein, um Erfolg zu haben." Es gibt Menschen, die führen die Entstehung auf die Zeit der Reformation zurück, also auf das 16. Jahrhundert. Damals setzte sich unter vielen Reformierten, vor allem aber unter den Calvinisten, die Ansicht durch, dass ein Mensch, der auf Erden viel erreicht hat, unter besonderem Segen Gottes stehen müsse. Also legten die Calvinisten einen besonderen Eifer und Ehrgeiz an den Tag und gehörten dann auch nicht selten zu den reichsten Bürgern ihrer Gemeinden. Auch wenn die Redensart praktisch ein Grundprinzip der kapitalistischen Wirtschaftsordnung vorwegnimmt, scheint in unserer säkularisierten Welt kein Platz mehr für sie.

Was Hänschen nicht lernt,
lernt Hans nimmermehr

Was man nicht als Kind lernt, lernt man nie.

Bei aller aus heutiger Sicht fragwürdiger Pädagogik der vergangenen Jahrhunderte – man denke nur an den brutalen „Struwwelpeter" des Frankfurter Arztes Heinrich Hoffmann – hat man eine Sache bereits früh richtig erkannt, die der Volksmund wie folgt formulierte: *Was Hänschen nicht lernt, lernt Hans nimmermehr.* Damit ist gemeint, dass Kinder einfach leichter lernen als Erwachsene und das es für bestimmte Lernprozesse Zeitfenster in der Entwicklung gibt. Haben sich diese erst einmal geschlossen, kann eine bestimmte Sache nur noch unter sehr großen Mühen erlernt werden. Auch wenn es an anderer Stelle heißt: *Es ist noch kein Meister vom Himmel gefallen,* muss dem hier entgegengehalten werden: *Früh übt sich, was ein Meister werden will!* Eine andere Variante dieser Lebensweisheit, die aber leider mittlerweile genauso ungebräuchlich ist wie die weiter oben genannten, lautet: *Früh krümmt sich, was ein Häkchen werden will!*

Lieber arm dran als Arm ab!

lieber arm und gesund als krank oder versehrt

Eine scherzhaft gemeinte Redewendung lautet: *Lieber arm dran als Arm ab!* Gemeint ist damit im Kern, dass man lieber arm und gesund sein möchte als krank oder versehrt. Unklar bleibt allerdings, ob man lieber arm und gesund als reich und krank oder reich und versehrt sein möchte oder lieber arm und gesund, wobei bei Krankheit oder Versehrtheit der Grad des materiellen Wohlstands keine Rolle spielt. Dass jedermann lieber arm und gesund als arm und krank oder versehrt sein möchte, liegt wohl auf der Hand. Umgekehrt gibt es übrigens auch die scherzhaft gemeinte Redensart: *Lieber reich und gesund als arm und krank.* Der Witz von *Lieber arm dran als Arm ab* speist sich aus der Tatsache, dass es sich bei „arm dran" um ein Homonym handelt, also um ein „Teekesselchen". Es kann bedeuten, dass der Arm noch dran ist, aber auch, dass man arm dran ist. In geschriebener Form liegt die gemeinte Bedeutung natürlich auf der Hand, weil das erste „arm" klein und das zweite groß geschrieben ist. Deshalb entfaltet die Redensart auch nur mündlich ihren Witz.

Wer zuletzt lacht, lacht am besten!

Erst wenn eine Sache ganz zu Ende geführt ist, kann man über sie urteilen.

Eine bis in die zweite Hälfte des 20. Jahrhunderts noch häufig zu hörende Redewendung lautete: *Wer zuletzt lacht, lacht am besten!* Sie hat eine direkte Bedeutung, aber auch noch eine weitere, darüber hinausgehende. Zunächst die direkte: Man stelle sich vor, man hat jemanden ausgelacht, weil ihm beispielsweise ein Missgeschick passiert ist. Wenn man jetzt das Pech hat, dass einem ausgerechnet in diesem Moment – oder auch später, aber doch zeitnah – dasselbe widerfährt, kann man sich vorstellen, dass der andere nun noch mehr lacht und sagt: *Wer zuletzt lacht, lacht am besten!* Hier geht es also tatsächlich ums Lachen, und zwar meistens um das aus Schadenfreude. In der weitergehenden Bedeutung geht es um kompliziertere Vorgänge, die sich erst abschließend beurteilen lassen, wie etwa der Verlauf einer zähen Verhandlung. Wenn man sich hier vorschnell ein Urteil bildet, während der Prozess noch läuft, kann man total falsch liegen. „Lachen" steht in diesem Fall sinnbildlich für „sich ein Urteil bilden".

Viele Köche verderben den Brei!

Je mehr an einer Sache leitend beteiligt sind, umso schneller kann es schiefgehen.

Man sieht es fast jeden Tag in den vielen Kochsendungen im Fernsehen: Beim Kochen gibt es eine strenge Hierarchie. Während manche Mitarbeiter nur Zwiebeln oder Kartoffeln schälen dürfen, sind die Köche, die „Komponisten" ihrer Kreationen, die absoluten Chefs im Ring, vergleichbar beinahe nur mit den Alleinherrschern vergangener Tage. Man stelle sich vor, einer dieser Koch-Diktatoren müsste seine Macht mit einem zweiten teilen, der gleichberechtigt über die Zubereitung eines Gerichts bestimmen dürfte. Da wäre der Streit garantiert schon vorprogrammiert. Darauf nimmt das schöne alte Sprichwort *Viele Köche verderben den Brei* Bezug: Demokratie ist für die Gesellschaft schön und gut, aber speziell in der Arbeitswelt sucht man sie meist vergeblich. In vielen Bereichen muss das aber so sein, denn wenn zu viele Personen an entscheidender Stelle mitbestimmen wollen, gibt es Uneinigkeit, Zwist und Zeitverlust, der sogar zur Gefährdung des gesamten Unternehmens führen könnte.

Rache ist süß!

Es ist schön, sich für erlittenes Unrecht zu rächen.

Man könnte sagen: Rache ist menschlich. Auch in aufgeklärtesten Zeiten erliegen die Menschen diesem archaischen Wunsch nach Vergeltung für tatsächlich oder auch vermeintlich erlittenes Unrecht. Im Gegensatz zur Strafe, die nach rationalen Gesichtspunkten von einem legitimierten Gericht ausgesprochen wird, ist die Rache in erster Linie rechtlich nicht legitim und vor allem emotional begründet. Dieser emotionale Faktor ist es, die dem Rächer eine große Genugtuung verschafft, sodass es im Sprichwort heißt: *Rache ist süß!* Man empfindet Freude, jemandem einen Schaden zuzufügen, von dem man meint, dass er einem selbst eben auch geschadet hat. Gelegentlich wird zur Rechtfertigung des Rachegedankens eine Verbindung zum Alten Testament hergestellt, insbesondere zum 5. Buch Mose, dem Deuteronomium, in dessen 32. Kapitel sich Gott genüber Moses in ausschweifenden und brutalen Rachefantasien ergeht. Eine wörtliche Herleitung des Sprichwortes von dieser Stelle scheint allerdings nicht haltbar.

Viel Feind, viel Ehr'!

Wer viele Gegner hat, muss wohl eine bedeutende Person sein.

Die etwas martialisch anmutende Redensart *Viel Feind, viel Ehr'!* ist viele Jahrhunderte alt und stammt damit auch aus einer „wilden" Zeit, in der Krieg noch etwas viel Normaleres war als heutzutage – zumindest bei uns in Mitteleuropa. Die Entstehung des Sprichwortes geht bis weit ins 15. Jahrhundert zurück. Zugeschrieben wird die Redewendung dem kaiserlichen Feldherrn Georg von Frundsberg, dem „Erfinder" der Infanterie, der 1513 ein zahlenmäßig weit überlegenes Heer schlug und danach den betreffenden Ausspruch getan haben soll. Die ursprüngliche, militärisch geprägte Bedeutung war zunächst also: „Wer viele Feinde besiegt, dem wird viel Ehre zuteil." Der Ausspruch überlebte die Jahrhunderte und wurde im Preußen des Großen Friedrich sogar zum Titel und Bestandteil eines Soldatenliedes. Im weiteren Verlauf unterlag die Wendung in der entstehenden Zivilgesellschaft einem Bedeutungswandel, an dessen Ende man darunter verstand: „Wer viele Gegner hat, muss wohl eine bedeutende Person sein!" So wird sie gelegentlich auch heute noch verwendet, wenn auch immer seltener.

Wenn zwei sich streiten, freut sich der Dritte

Von der Auseinandersetzung von zwei Personen kann einen dritte profitieren.

Ein klassisches schönes altes Sprichwort lautet: *Wenn zwei sich streiten, freut sich der Dritte*. Damit ist gemeint, dass von der Auseinandersetzung von zwei Personen eine dritte profitieren kann, und das gleich auf zwei verschiedene Arten. Man nehme an, dass zwei Personen das Gleiche haben wollen und sich nun darum streiten. Wenn sie gleich stark sind, kann keine Seite die andere überwinden. Eine dritte Person, die dasselbe Ziel hat, braucht nun nur noch abzuwarten, bis die Kräfte der beiden Streithähne erschöpft sind, und kann nun ihr Ziel ganz leicht erreichen. Auf der anderen Seite kann sie aber auch das *Zünglein an der Waage* spielen und sich im entscheidenden Moment auf die Seite dessen stellen, der voraussichtlich die Oberhand gewinnen wird. Auf jeden Fall zieht der Dritte den größten Nutzen aus der Situation. Das Ganze gilt übrigens natürlich nicht nur für Einzelpersonen, sondern genauso in der Wirtschaft für Unternehmen sowie in der Politik für Parteien und ganze Staaten.

In der Kürze liegt die Würze

Fasse dich kurz, sonst wird es langweilig.

Kaum etwas ist ermüdender, als eine weitschweifige Erklärung, die sich in Einzelheiten verliert, vom Hundertsten ins Tausendste abgleitet und einfach nicht zum entscheidenden Punkt kommt. In solchen Fällen hat man dem Redseligen in früheren Zeiten schlicht entgegnet: *In der Kürze liegt die Würze!* Damit sagte man dem Redner unmissverständlich: „Fasse dich kurz, sonst hört hier gleich keiner mehr deinem langweiligen und umständlichen Vortrag zu!" Mit dieser Redensart wird vom Redner verlangt, die wichtigsten und entscheidenden Fakten zu liefern und sämtliches ausschmückendes Beiwerk wegzulassen. Die genaue Herkunft des Sprichworts ist nicht geklärt, aber oft wird ein Bezug zum Drama „Die Tragödie von Hamlet, Prinz von Dänemark" des großen englischen Dramatikers William Shakespeare hergestellt. Hier sagt der Kämmerer Polonius, nachdem er sich ein Urteil über Hamlets Geisteszustand gebildet hat, zur Königin: „Weil Kürze denn des Witzes Seele ist, Weitschweifigkeit der Leib und äußere Zierat, fasse ich mich kurz. Euer Sohn ist toll (=verrückt)!"

Haste was, biste was!
Materieller Wohlstand schafft Ansehen und Macht.

In der Demokratie sollten eigentlich alle Menschen vor dem Gesetz und den staatlichen Institutionen in Bezug auf Herkunft, politischer Ausrichtung, Religion und materiellem Wohlstand gleich behandelt werden. Das steht sogar so im Grundgesetz und gehört zu den unveräußerlichen Grundrechten: „Alle Menschen sind vor dem Gesetz gleich" (Art. 3.1). Aber sind nicht manche Menschen *etwas gleicher*, wie der Volksmund so schön sagt? Immer wieder zeigt sich, dass Menschen mit großem materiellen Reichtum von den staatlichen Institutionen anders behandelt werden und größere Freiheiten genießen oder auch Macht ausüben können, ein Umstand, den der Volksmund umgangssprachlich mit der schönen Redensart beschreibt: *Haste was, dann biste was!* Umgekehrt wird daraus *Haste nix, biste nix*, denn das Wort des *Habenichts* gilt eben oftmals nicht so viel wie das des Reichen. Der genießt viel mehr Ansehen und kann aus dem Vollen schöpfen, frei nach dem Motto: *Wer hat, der hat!*

Der Ton macht die Musik
Die Art, wie etwas gesagt wird, entscheidet darüber, wie es aufgenommen wird.

Manchmal kann man das absolut Richtige sagen, die ultimative Wahrheit verkünden, doch wenn man sich im Ton vergreift, wird man trotzdem nicht erhört. Es kommt nämlich nicht immer nur auf den Inhalt des Gesagten an, sondern auch auf die Form. Wenn man beispielsweise nicht viel Federlesens macht und jemandem ein paar unliebsame Wahrheiten förmlich *um die Ohren haut*, dann darf man sich nicht wundern, wenn die betreffende Person sich angegriffen fühlt, emotional „zumacht" und dann für eine sachliche Diskussion nicht mehr zur Verfügung steht. Man muss also den richtigen Ton treffen, um jemanden zu überzeugen. Unter dem *richtigen Ton* ist hier ein der Situation, dem Gegenüber und der vorgebrachten Sache selbst angemessener Tonfall zu verstehen. Der Hintergrund ist, dass Kommunikation nicht nur auf sachlicher, rationaler Basis stattfindet, sondern auch auf emotionaler. Wenn man sich hier die Sympathien durch rüdes oder arrogantes Auftreten verscherzt, hat man auch in der Sache selbst keine Chance mehr.

Kapitel **5**

Flüche und Ausrufe

Haste Töne!

Von alten Schweden
und Kruzitürken

... gelt⸮!, ge⸮! oder woll⸮!
Hab ich recht⸮! Nicht wahr⸮!

Es liegt wohl in der Natur des Menschen, dass er sich im Gespräch mit jemand anderem ständig der Zustimmung des Gesprächspartners rückversichern muss. Dazu haben sich in fast allen Sprachen bestimmte Floskeln eingeschliffen, die locker an den unterschiedlichsten Stellen der Rede eingestreut werden können. In der deutschen Sprache ist die bekannteste dieser Formel das *gelt⸮!* Es ist schon vor vielen Jahrhunderten mundartlich aus der Form „gilt es⸮!" oder „gelt es⸮!" entstanden. Man hört es heute noch am häufigsten im süddeutschen Raum, wo es allerdings regional sehr unterschiedliche Ausprägungen erfahren hat. Während man im badischen, württembergisch-schwäbischen, aber auch im thüringischen Raum die Abwandlung *gell* antrifft, überwiegt in Bayern eher die Form *ge⸮!*, in Südhessen hingegen *gelle⸮!* In anderen Gegenden Deutschlands haben sich ganz andere Formen dieser Floskeln etabliert, so im märkischen und im Berliner Raum *wa⸮!*, in Norddeutschland *ne⸮!* oder *nich⸮!* und in Teilen Westfalens *woll⸮!*.

Donnerwetter!
Verdammt noch mal!, aber auch: Alle Achtung!

Abgesehen von einmaligen Naturkatastrophen wie Erdbeben, Vulkanausbrüchen oder Überschwemmungen sind Gewitter, die früher auch als Donnerwetter bezeichnet wurden, die stärkste Naturgewalt, der die Menschen schon seit der Steinzeit regelmäßig ausgesetzt waren. So ist es auch kein Wunder, dass diese Naturgewalt in vielfältiger Weise auch Eingang in den Wortschatz der Redewendungen und geflügelten Worte gefunden hat. Der noch bis in das 20. Jahrhundert hinein gebräuchliche Ausruf *Donnerwetter* hat dabei allerdings gegensätzliche Bedeutungen entwickelt. In der Regel wurde er als Fluch, Kritik oder heftige Zurechtweisung gebraucht, im Sinne von *Verdammt noch mal!* Eng verwandt ist auch das derbe *Himmel, Arsch und Wolkenbruch!* Auf der anderen Seite konnte *Donnerwetter!* – wie viele andere Flüche – auch anerkennend gemeint sein, im Sinne von *Alle Achtung*, salopp heutzutage auch *Aber hallo!* Eine ältere Form dieser Verwendung von *Donnerwetter!* ist das schon fast ganz vergessene *Donnerlittchen!* oder *Dunnerlittchen!*

Vermaledeit!

Verflixt! Verdammt! Verflucht!

Echt lateinische Wurzeln hat der alte, kräftige Fluch *Vermaledeit!* „Malus" bedeutet „schlecht", „dicere" heißt „sprechen", und daraus entwickelte sich das alte deutsche Verb „maledeien", was so viel wie „schlecht sprechen" oder eben „fluchen" ergibt. Wer also vermaledeit ist, hat keine guten Zukunftsaussichten, weil ein Fluch auf ihm lastet. Das geht dem Wort selbst auch nicht anders, *Vermaledeit!* ist also selbst vermaledeit, weil es vom Fluch des Vergessens getroffen wurde und heute kaum noch einmal zu hören ist. Der Gegenbegriff ist übrigens „benedeien", in der Wortentstehung trat hier an die Stelle des schlechten „malus" das gute „bonus". Im Grunde genommen ist „benedeien" genauso veraltet wie „maledeien", wäre da nicht ein kleiner Unterschied. „Benedeien" kommt nämlich im „Ave Maria" vor, einem der zentralen Grundgebete der katholischen Kirche: „Gebenedeit bist du unter den Weibern, und gebenedeit ist die Frucht deines Leibes, Jesus."

Ach du grüne Neune!

Ach du meine Güte! Oh Schreck!

Wenn sich in vergangenen Jahrhunderten Menschen erschreckten, riefen sie oft *Ach du grüne Neune!* aus. Bis in die zweite Hälfte des 20. Jahrhunderts war dies noch eine durchaus gängige Redewendung, doch heute wird sie von der nachwachsenden Generation kaum noch verwendet und durch neumodische Redensarten wie *Voll krass!* oder ähnliches ersetzt. Über die Herkunft von *Ach du grüne Neune!* gibt es verschiedene Theorien. Am wahrscheinlichsten ist es, dass der Ausruf vom Kartenspielen kommt. Im altdeutschen Kartenblatt gibt es die Farbe Grün. Beim Kartenlegen verhieß die grüne Neun Pech und Sorgen, sodass sich jeder erschreckte, wenn ihm diese Spielkarte aufgedeckt wurde. Im französischen Kartenblatt entspricht der grünen Neun die Pik Neun. Eine andere Erklärung für den Ausruf *Ach du grüne Neune!* kommt aus Berlin und bezieht sich auf das Wallner-Theater am Grünen Weg 9. Doch ist der Ausruf schon älter als dieses Theater.

Potzblitz!
Schau mal an! Verdammt!

War in vergangenen Jahrhunderten jemand überrascht oder verärgert, kam es häufig zu dem Ausruf: *Potzblitz!* Sehr eng verwandt und in gleicher Weise verwendbar war der Begriff *Potztausend!*, entstanden aus der älteren Form *Potztausend Teufel!*. Viele Sprachforscher haben sich schon den Kopf darüber zerbrochen, was denn in beiden Flüchen das „potz" bedeuten mag. Heute geht man davon aus, dass es sich um eine verballhornte Form von „Gott" bedeutet, dessen Namen man in Reinform speziell im Mittelalter in Flüchen besser nicht verwendete. So kam es über das frühneuhochdeutsche „botz" über das mittelhochdeutsche „pocks" schließlich zu unserem „potz". Möglicherweise stammt auch das „bocks" aus dem „Bockshorn", in das man gejagt werden kann, von diesem Ursprung ab. Hierüber gibt es allerdings so viele verschiedene Theorien, dass es unter den Gelehrten keine Einigkeit gibt. Sicher ist nur, dass sowohl der Ausruf *Potzblitz!* als auch die Redensart *Ins Bockshorn jagen* heute fast ausgestorben sind.

Haste Töne!
Da fehlen mir die Worte!

Manchmal ist man so überrascht, dass einem einfach nichts mehr einfällt, es fehlen schlicht die Worte, es hat einem die Sprache verschlagen. Für diesen Fall hielt die „Berliner Schnauze" früher den schnoddrigen Ausruf bereit: *Haste Töne!* In anderen Gegenden gab es die etwas weniger schnoddrige und mehr hochdeutsche Variante: *Hast du Töne!* Eng verwandt ist auch der Ausruf: *Hast du da noch Worte!* Alle diese umgangssprachlichen Wendungen können übrigens anerkennend oder abwertend gebraucht werden, je nachdem, ob es sich um eine positive oder negative Überraschung gehandelt hat. Heute findet man die Redensart *Haste Töne!* häufig als scherzhaft gemeinter und witziger Name von Tonaufnahmen, Büchern, Chören, Bands, Musikstudios und anderen Unternehmen, die in irgendeiner Weise mit Musik zu tun haben. Als Redewendung hingegen sind sowohl das Berliner *Haste Töne!* als auch die anderen regionalen Entsprechungen beinahe ausgestorben.

Da wird doch der Hund in der Pfanne verrückt!

Das ist ja kaum zu glauben!

Wenn der Hund in der Pfanne verrückt wird, ist höchste Verwunderung angesagt, denn in der Regel ist dann irgendetwas Sensationelles passiert, das nicht vorherzusehen war und alle Beteiligten sprachlos zurücklässt. Dass der Hund in der Pfanne verrückt wird, kann man ja noch verstehen – es fragt sich nur, was der Hund überhaupt in der Pfanne zu suchen hatte und wie er dort hineingekommen ist. Immerhin müssen die Zeiten, in denen Hund auf dem Speiseplan unserer Vorfahren stand, schon sehr, sehr lange her sein – zumindest regulär und außerhalb schwerer Notzeiten. Von vielen Deutungen scheint diejenige am plausibelsten, die diese Redensart auf Till Eulenspiegel zurückführt, der Narrengestalt aus dem frühen 16. Jahrhundert. Dieser ging einst einem Braumeister beim Bierbrauen zur Hand. Dessen Hund hörte auf den Namen Hopf. Als der Braumeister Till anwies, Hopfen zu sieden, schmiss Till, der immer alles wörtlich nahm, den Hund in die Siedepfanne. Kein Wunder, dass dieser daraufhin verrückt wurde …

Verflixt und zugenäht!

Verdammt noch mal!

Ein durchaus veritabler und kraftvoller Fluch war in vergangenen Zeiten der schöne Ausruf *Verflixt und zugenäht!* Das Wort „verflixt" ist vermutlich als Verballhornung von „verflucht" entstanden, existierte aber nur in dieser Form als Partizip. Während es zu „verflucht" die Verb-Grundform „verfluchen" gibt, sucht man ein entsprechendes „verflixen" daher im Wortschatz früherer Zeiten vergeblich. Das „und zugenäht" ist eine deutliche Verstärkung des Fluches und taucht in Formen wie *Verdammt und zugenäht!* und *Verflucht und zugenäht!* ebenfalls auf. Einer nicht hundertprozentig sicheren Theorie zufolge soll die Formulierung auf ein derb-frivoles Studentenlied zurückgehen, in dem ein Mädchen ihrem Liebsten eine ungewollte Schwangerschaft gesteht. Hier heißt es: „Ich habe eine Liebste, die ist wunderschön, sie zeigt mir ihre Äpfelchen, da ist's um mich gescheh'n. Doch als mir meine Liebste der Liebe Frucht gesteht, da hab' ich meinen Hosenlatz verflucht und zugenäht."

Ei der Daus!
Na, sowas aber auch!

Eine vollkommen in Vergessenheit geratene Redensart ist der schöne alte Ausruf *Ei der Daus!* Er stammt nachweislich bereits aus dem 15. Jahrhundert und drückt große Überraschung und äußerste Verwunderung aus. Die Verwendung war überwiegend positiv gemeint, nur selten findet man die Redewendung bei unliebsamen Überraschungen. Die Entstehung des Ausrufs ist unklar und liegt im Dunkel der Geschichte verborgen, aber dennoch gibt es darüber einige Theorien. Eine ältere Erklärung kommt vom Kartenspielen. Hier ist der Daus im altdeutschen Kartenblatt die höchste Karte, die sogar den König stechen kann. So könnte der Ausruf daher stammen, dass man – wenn man überraschend einen Daus ausspielte – freudig ausrief *Ei der Daus!*. Mittlerweile haben manche Forscher diese Theorie wieder verworfen und verweisen auf die Herkunft des Wortes „Daus" als Verballhornung des Wortes „Teufel". So könnte es in einer Entwicklungsline „Teufel"-„Düwel"-„Dämon"-„Daus" entstanden sein.

Alter Schwede!
Mein lieber Mann! Mein Freund!

Als 1648 der Dreißigjährige Krieg endete, hatte das Königreich Schweden bewiesen, dass es zu den militärischen Großmächten in Europa gehörte. Nach dem Friedenschluss in Münster wurden zahlreich altgediente und sehr gut ausgebildete schwedische Soldaten arbeitslos. Friedrich Wilhelm, der Große Kurfürst des aufstrebenden Brandenburgs, witterte die Chance und engagierte zahlreiche schwedische Soldaten als Ausbilder für sein Heer. Diese wurden so beliebt, dass sich die Begrüßung *Alter Schwede!* unter Freunden allmählich durchsetzte. Später benutzte man die Redensart dann auch als Ausruf der Verwunderung, aber auch Fassungslosigkeit, bevor sie beinahe in Vergessenheit geriet. Heutzutage scheint der Ausruf bei der jungen Generation erfreulicherweise eine Renaissance zu erfahren und wieder etwas populärer zu werden, allerdings oft auch in verkürzter Form ohne den Schweden einfach nur als *Alter!*, wobei oft auch die Vertreterinnen des weiblichen Geschlechts so angeredet werden.

Kruzitürken!

Mist! Verdammt!

Vor allem im süddeutschen Raum und in Österreich hörte man früher häufig den Fluch *Kruzitürken!*, der so viel wie *Mist!*, *Verdammt!* und in seiner derbsten Ausprägung wohl auch *Scheiße!* bedeutet. Vor allem wegen des Bestandteils „türken" kann man in der heutigen, sensibilisierten Zeit schnell auf die Idee kommen, dass er sich gegen die bei uns lebenden Türken richtet. Dies ist aber nicht so, der Fluch ist in der Tat nicht ausländerfeindlich, sondern allgemeiner Natur. Wahrscheinlich ist er während der Türkenkriege im 16. und 17. Jahrhundert entstanden. Damals standen die Osmanen, die damaligen Türken, mehrmals vor Wien und belagerten die Stadt zweimal. Bei einem Fall Wiens hätten die Osmanen freie Bahn nach Süddeutschland gehabt. So beteiligten sich neben den Österreichern auch viele Süddeutsche an den Türkenkriegen. Als Zusammenziehung von „Kruzifix" und „Türken" entstand dabei der Fluch *Kruzitürken!*, den vor allem weiter nördlich in Deutschland heute kaum noch jemand kennt.

Papperlapapp!

So ein Quatsch!

Der früher häufig benutzte Ausruf *Papperlapapp!* sollte klarstellen, dass der Ausrufende das von einem anderen gerade Gesagte für Unfug, Quatsch, Unsinn oder inhaltsleeres Gerede hielt. Das war starker Tobak, denn *Papperlapapp!* war wegen der davon ausgehenden Aggressivität durchaus als verbaler Totschläger geeignet, um den anderen mundtot zu machen. Die genaue Herkunft der Redensart ist heute nicht mehr zu klären, doch ist der Ausruf seit dem 18. Jahrhundert verwendet worden. Wahrscheinlich ist es eine lautmalerische Verballhornung der Verben „plappern", „pappeln" oder „babbeln", die landschaftlich unterschiedlich alle dasselbe meinen. Sehr eng verwandt ist das heute noch geläufigere *Blablabla!*, das dieselbe Bedeutung hat wie *Papperlapapp!* und auf dieselbe Weise zustande gekommen sein könnte. Eine ähnliche Wortbildung ist *Schnickschnack!*, das auf das norddeutsche „schnacken" (= „plaudern", „plappern") zurückgeht.

Da brat' mir doch einer einen Storch!
Das ist ja kaum zu glauben! Verdammt!

Wenn etwas Unerhörtes, Unglaubliches, nie Dagewesenes oder Unvorstellbares passiert ist, hörte man früher oft den Ausruf: *Da brat' mir doch einer einen Storch!* Dazu muss man wissen, dass die Störche, als sie bei uns noch zum Alltagsbild gehörten, als Glücksbringer galten. Nicht umsonst waren sie ja auch das Symbol für Fruchtbarkeit, Geburt und Kinderreichtum. Es war also absolut tabu, einen von ihnen zu essen. Dies geht sogar schon auf die Bibel zurück, wo es bei Moses im Buch Levitikus 11,19 verboten wird, Störche zu essen. Dies geschieht hier allerdings nicht, um die langbeinigen Vögel zu schützen, sondern weil sie „abscheulich" sind und mit vielen anderen zu den „unreinen Tieren" gezählt werden. Zur Verstärkung wurde der Redensart *Da brat' mir doch einer einen Storch!* gelegentlich auch scherzhaft hinzugefügt: *Aber die Beine bitte schön knusprig!* Heute gibt es nur noch sehr wenige Störche bei uns, und damit hat die Redewendung ihre Verankerung in der Lebenswirklichkeit der Menschen eingebüßt und wird folglich kaum noch verwendet.

Sapperlot!
Alle Achtung! Verdammt!

Nur noch sehr selten hört man in Deutschland den schönen alten Ausruf *Sapperlot!*, während er in der deutschsprachigen Schweiz noch relativ gebräuchlich sein soll. Es ist ein Ausruf mit zwei Bedeutungen: Einerseits ist es ein Ausdruck der positiven Überraschung oder auch Bewunderung, wenn etwas eingetreten ist, das man nicht erwartet hätte, oder wenn jemand etwas vollbracht hat, was man ihm niemals zugetraut hätte. Dann hat *Sapperlot!* die Bedeutung von *Alle Achtung!* Andererseits ist es aber auch ein negativ besetzter Ausruf, wenn etwas eingetreten ist oder jemand etwas getan hat, das einem so ganz und gar überhaupt nicht in den Kram passt. Dann kann man unter *Sapperlot!* eher etwas wie *Verdammt!* verstehen. Wie der Begriff entstanden ist, lässt sich nicht mehr genau rekonstruieren. Man vermutet aber, dass es sich um eine Verballhornung des älteren *Sackerment!* ist, vergleichbar auch dem Ausruf *Sakrament!*

Es ist höchste Eisenbahn!

Es ist höchste Zeit! Es ist sehr eilig!

Wurde die Zeit knapp wird und lief man Gefahr, irgendetwas zu versäumen oder nicht mehr zu schaffen, sagte man im 20. Jahrhundert oft: *Es ist höchste Eisenbahn!* Zur weiteren Steigerung und Betonung der Dringlichkeit konnte man auch sagen: *Es ist allerhöchste Eisenbahn!* Die Redewendung wird auf den Berliner Dramatiker und Satiriker Adolf Glaßbrenner zurückgeführt, der im Jahre 1846 in einem Schwank eine verwirrte Person sagen ließ: „Es ist höchste Eisenbahn, die Zeit ist schon vor drei Stunden angekommen!" Der erste deutsche Dampfzug war nur 11 Jahre zuvor auf die Gleise gegangen, Glaßbrenner sprach also über eine technische Neuheit, eine Revolution, die damals wirklich viele Menschen verwirrt hat. Und es gab auch viele Gegner. Überliefert ist aus der Zeit auch ein anderer, anonymer Ausspruch: *Hätte Gott gewollt, dass wir so schnell sind, hätte er dem Menschen Räder verliehen!* Ab den 1920er-Jahren kam die Redensart groß in Mode, aber heute scheint für *Es ist höchste Eisenbahn!* der Zug abgefahren zu sein.

Pustekuchen!

Nein! Von wegen! Denkste!

Es gibt Situationen, da lösen sich die schönsten Wunschvorstellungen, Träume oder Pläne aus irgendeinem Grund von einer Sekunde auf die nächste in nichts auf. Ein typischer Fall, um *Pustekuchen!* zu sagen oder zu denken. Mit ein bisschen Schadenfreude oder Infantilität wird daraus auch *Ätsch Pustekuchen!* Auch wenn jemand offensichtlichen Unsinn redet oder man grundsätzlich anderer Meinung ist als jemand anderes, kann man *Pustekuchen!* servieren. Eine ältere Form dieser Redensart ist das ebenfalls umgangssprachliche *Ja, Kuchen!* Die Entstehung des Ausdrucks wird auf das Jiddische zurückgeführt, in dem es die Redewendung *Ja chochom, aber nicht lamdom* gibt, was *Ja schlau, aber nicht weise* bedeutet. Der die Verballhornung liebende Berliner Volksmund hat daraus *Ja Kuchen, aber nicht London* gemacht, wovon durch Verkürzung am Ende nur noch *Ja, Kuchen* übriggeblieben ist. Die „Puste" ist dann als Sinnbild für „heiße Luft" hinzugekommen, als Sinnbild für nichts. Der *Pustekuchen* ist somit also ein Kuchen aus nichts und damit selber nichts.

Alles für die Katz!

vergebens, umsonst

In vergangenen Jahrhunderten hielt man sich Katzen nicht als Kuscheltiere, sondern als Nutztiere. Der Nutzen bestand nicht wie bei anderen Nutztieren darin, dass die Katze dem Menschen ein Produkt lieferte, wie die Hühner Eier und Fleisch, die Kühe Milch, Fleisch und Leder und die Schweine Fleisch und Leder lieferten. Die Katze musste einen Dienst leisten und hart für ihren Lebensunterhalt arbeiten, indem sie sich ihre Nahrung selbst fing. Da diese vor allem aus Mäusen und Ratten bestand, schlimmen Vorratsschädlingen, die dem Menschen vor allem in harten Zeiten schweren Schaden zufügen konnten, hatte der Mensch einen großen Nutzen von der Katzenhaltung. Zugefüttert wurde nur in ganz schlechten Zeiten, wenn es noch nicht mal mehr genügend Mäuse und Ratten gab. Und auch dann gab man den Katzen nur das, was wirklich niemand mehr essen wollte und was man nicht anderweitig gebrauchen konnte. Für die Katze war demnach nur wertloses Zeug. So entstand die Redensart *Für die Katz*, wenn etwas vergebens, sinnlos oder umsonst war. Da Katzen heute vor allem Kuscheltiere sind, kennen immer weniger Leute die Bedeutung dieser Redewendung.

Ein Wörterbuch von gestern

„Ich werd' meschugge!"

Von Damenwahl
und Bandsalat

Die Muhme und der Oheim
die Tante und der Onkel

Neben Redewendungen, Sprichwörtern und geflügelten Wörtern gibt es eine ganze Menge anderer Wörter, die in Vergessenheit geraten sind. Natürlich können sie an dieser Stelle nicht alle vorgestellt werden, aber die Mitglieder der eigenen Familie sollte man vielleicht doch schon kennen, etwa die *Muhme*. Dabei handelte es sich um eine Schwester eines der beiden Elternteile, also um eine Tante. Der Übergang vom alten zum neuen Wort verlief in der Sprachentwicklung dann schrittweise. Zunächst waren alle Schwestern der Eltern Muhmen, dann wurden die Schwestern des Vaters zu Tanten, während die Schwestern der Mutter Muhmen blieben. Erst später wurden auch sie zu Tanten. Parallel verlief die Entwicklung bei den Brüdern der beiden Elternteile, die man *Oheim* oder verkürzt auch *Ohm* nannte. Hier wurden die Brüder des Vaters zu Onkeln, während die Brüder der Mutter zunächst weiter Oheim genannt, bis sie am Ende auch zu Onkeln wurden. Die Bezeichnungen *Muhme* und *Oheim* begegnen einem heute nur noch scherzhaft oder literarisch.

Meschugge
leicht verrückt, von Sinnen

Wer gelegentlich immer wieder als meschugge bezeichnet wird, sollte einmal gründlich über seinen Geisteszustand nachdenken, denn es bedeutet immerhin, dass die Leute ihn oder sie für verrückt halten. Zwar nicht für total verrückt, aber doch zumindest für leicht neben der Spur. Dies ist dann wohl überwiegend abwertend, kann allerdings in Einzelfällen auch positiv gemeint sein. Schließlich gibt es im Neudeutsch ja auch den Begriff des „positiv Verrückten", vor allem im Sport. Der Begriff *Meschugge* hat seinen Ursprung im hebräischen Wort „meschugga", was ebenfalls so viel wie „verrückt" bedeutet. Aus dem Hebräischen kam es dann in den jiddischen Wortschatz, wobei es seine Endung wechselte und zu „meschuggo" wurde, die Bedeutung hingegen blieb gleich. Bis in die erste Hälfte des 20. Jahrhunderts war *Meschugge* ein weit verbreiteter Begriff, wegen der Vertreibung und Ermordung der jüdischen Mitbürger ist es in Deutschland seit dem Zweiten Weltkrieg jedoch nur noch selten zu hören.

Töfte

klasse, super

In der zweiten Hälfte des 20. Jahrhunderts zumindest noch gelegentlich zu hören, scheint das schöne alte Wort *Töfte* inzwischen völlig ausgestorben zu sein. Es stammt – wie so mancher deutsche Begriff, von dem man es zuerst gar nicht vermuten würde – aus dem Hebräischen, hat also nichts mit der Bezeichnung für Kartoffeln zu tun, die früher in manchen Gegenden auch „Töften" genannt wurden. Der ursprüngliche Begriff im Hebräischen heißt „tob" und bedeutet „gut". Im Jiddischen ist daraus der Begriff „tofte" geworden, der dann in den deutschen Wortschatz übergangen ist und sich hier in verschiedenen regionalen Ausformungen verankert hat. So sagte man in manchen Gegenden auch im Deutschen weiterhin *Tofte*, in anderen Landschaften entstand durch Lautänderung daraus das bekannte *Töfte*. Im Berliner Sprachraum hingegen wurde daraus das berühmte *Dufte*, das aus der „Berliner Schnauze" kaum wegzudenken ist. Dass *Töfte* heutzutage kaum noch gebräuchlich ist, ist jedenfalls alles andere als töfte.

Brimborium

überflüssiges Beiwerk, das „Drum und Dran"

Einen zumindest spöttischen, meist sogar abwertenden Beigeschmack hat das schöne alte Wort *Brimborium*. Als Brimborium wird das überflüssige Beiwerk einer Sache oder eines Vorgangs bezeichnet, umgangssprachlich eben das so genannte Drum und Dran. Der Begriff klingt lateinisch, aber er stammt nicht aus dem klassischen Latein der alten Römer, sondern aus dem Kirchenlatein des 16. Jahrhunderts. Entstanden ist es in Frankreich als Verballhornung des „Breviarium", der Sammlung der kurzen Stundengebete. Eingang in die Literatur hat es spätestens bei Goethe gefunden, der in seinem Faust den Mephistopheles sagen lässt: „Die Freude ist lange nicht so groß, als wenn ihr erst herauf, herum, durch allerlei Brimborium, das Püppchen geknetet und zugericht't, wie's lehret manche welsch Geschicht!" Wenn man also aufgefordert wird, kein Brimborium zu machen, sollte man sich zurückhalten und auf das Wesentliche beschränken. Allerdings passiert dies heute kaum noch.

Eldorado
ein Paradies

Als die Spanier im 16. Jahrhundert weite Teile Südamerikas zu Kolonien machten, entspann sich irgendwann die Legende vom *El Dorado*, vom goldenen Land, das irgendwo in den Tiefen des südamerikanischen Dschungels verborgen liegen sollte. Diese Vorstellung ging auf eine noch ältere Legende der Indianer im heutigen Kolumbien zurück, die die Gier der Konquistadoren entfachte, sodass unzählige Expeditionen der Spanier explizit der Suche nach dem Eldorado gegolten haben. Am Ende führte dies dazu, dass die Spanier den gesamten ihnen vom Papst in der Teilungserklärung von Tordesillas aus dem Jahre 1494 zugesprochenen Teil Südamerikas eroberten. Und wenn sie auch gigantische Goldschätze aus dem Kontinent herauspressten, konnten sie das Eldorado doch nicht finden. Doch das Eldorado überlebte in den Köpfen der Menschen und wurde zum Inbegriff für paradiesische Zustände. Verwendet wird der Begriff heute noch gelegentlich in der Werbung der Reisebranche, etwa in Formulierungen wie „Ein Eldorado für Taucher", „Ein Eldorado für Skifahrer" usw.

Poussieren
flirten, schmusen, miteinander gehen

Durch die gemeinsame wechselhafte Geschichte mit unserem Nachbarn Frankreich hat so manches französische Wort Eingang in den deutschen Wortschatz gefunden, insbesondere in den Zeiten der französischen Besetzung Deutschlands unter Napoleon zu Beginn des 19. Jahrhunderts. Darunter befindet sich auch das schöne Verb *Poussieren*. Es kommt vom französischen „pousser", was so viel bedeutet wie „an sich drücken". Dazu gibt es auch das Substantiv „Poussage", das den Flirt und die Liebelei zwischen zwei meist jungen Menschen bezeichnet, heute aber so gut wie gar nicht mehr benutzt wird. *Poussieren* hingegen als Verb hört man dagegen immerhin noch gelegentlich, auch wenn es letztlich doch total „out" ist – im Gegensatz zu dem Vorgang, den es beschreibt. Wenn ein junger Mann das Flirten in früheren Zeiten eindeutig übertrieb, dann durfte er sich nicht wundern, wenn man ihn scherzhaft und despektierlich als *Poussierstängel* titulierte.

Neunmalklug
besonders klug, besserwisserisch

Wer in früheren Zeiten als neunmalklug bezeichnet wurde, konnte zweierlei sein: Entweder er war besonders klug und wusste wirklich immer alles besser als alle anderen – dann wurde der Begriff *Neunmalklug* eher ehrfürchtig und anerkennend verwendet –, oder aber er war ein unerträglicher, oft auch prahlerischer Besserwisser. In diesem weitaus häufigeren Fall hatte die Bezeichnung dann dementsprechend eine herabwürdigende, negative Bedeutung. Das liegt auch auf der Hand, denn wer mag schon jemanden, der zwanghaft davon überzeugt ist, dass er immer alles besser weiß oder die anderen stets zu korrigieren versucht? Für diese Sorte Mensch gibt es auch noch ein paar andere schöne Bezeichnungen. Mit dem *Neunmalklug* eng verwandt ist das ebenso alte *Siebengescheit*. Und auch das ebenso aus der Mode gekommene *Naseweis* trifft den Kern der Sache, sofern es sich bei dem Betreffenden um ein vorlautes, altkluges Kind handelt. Heute hört man keinen der Begriffe mehr besonders häufig, oftmals ist ein ironisches *Wisser* an ihre Stelle getreten.

Steckenpferd
Hobby, Leidenschaft

Im wörtlichen Sinne ist ein Steckenpferd ein seit dem Mittelalter gebräuchliches Kinderspielzeug, bestehend aus einem langen hölzernen Stecken (Stiel) und einem geschnitzten Pferdekopf. Seinen Gebrauch beschrieb der deutsche Gelehrte Johann Georg Krünitz im 18. Jahrhundert in seiner Enzyklopädie wie folgt: „Ein Spielzeug, auf dem kleine Kinder zu reiten pflegen, indem sie den Stab zwischen die Schenkel nehmen, den Zaum am Kopfe ergreifen, und so mit ihren eigenen Füßen, in der Einbildung, auf einem Pferde zu sitzen, mit dem Stecken herumgaloppieren." Im Englischen heißt das Steckenpferd *Hobby Horse*, und übertragenen Sinn meint der Begriff *Steckenpferd* so viel wie das englische Hobby, also einen Zeitvertreib, dem man mit einer gewissen Leidenschaft nachgeht und in den man auch durchaus Geld zu stecken gewillt ist. Heute taucht *Steckenpferd* gelegentlich noch als Firmenname auf, etwa bei Spielzeuggeschäften. In seiner eigentlichen Bedeutung ist er jedoch längst vom englischen *Hobby* abgelöst worden.

Bandsalat

eine verknotete Audio- oder Videokassette oder ein Tonband

Akut vom Aussterben bedroht ist das schöne Wort *Bandsalat*. Dabei handelt es sich allerdings nicht um eine vitaminreiche Rohkost, sondern als Resultat einer mechanischen Störung um die Reste eines Magnetbandes. Dem Bandsala" war leider kein allzu langes Leben beschieden. Der Begriff ist wohl erst nach dem Zweiten Weltkrieg entstanden bzw. populär geworden, weil Tonbänder vorher kaum in größerem Umfang verbreitet waren. Die großen, unpraktischen und sperrigen Tonbänder wurden dann auch bald von der Schallplatte verdrängt, wodurch dem Bandsalat schon damals das schnelle Ende drohte. Seine Rettung war die Erfindung der Kompaktkassette in den 1960er-Jahren. Sie setzte sich sehr schnell durch und verbreitete sich in den 1970er-Jahren weltweit. Da war, unterstützt durch den Siegeszug der VHS-Videokassette, genug Material für millionenfachen Bandsalat vorhanden. Kilometer von Magnetbändern wurden von gefräßigen Rekordern verschlungen oder direkt im Kassettengehäuse zu Bandsalat verarbeitet. Durch die Einführung von CD, DVD und USB-Sticks ist der Bandsalat so gut wie ausgestorben, und es soll sogar Leute geben, die ihn vermissen ...

Blümerant

schwindlig, übel, unwohl

Wer meint, dass der Begriff *Blümerant* etwas mit Blumen zu tun habe, der ist aber gewaltig auf dem Holzweg. Es handelt sich nämlich um eine Wortschöpfung aus dem Französischen, die im Laufe der gemeinsamen deutsch-französischen Geschichte vermutlich irgendwann zwischen dem 17. und dem 19. Jahrhundert in die deutsche Sprache aufgenommen wurde. Entstanden ist *Blümerant* durch die Zusammenziehung der französischen Wörter „bleu" und „mourant". Ersteres bedeutet bekanntlich „blau", letzteres kommt von „mourir" (= „sterben") und bedeutet „sterbend". Das dabei entstandene „bleumorant" bezeichnet also ein „sterbendes", das heißt sehr blasses Blau, das an die Gesichtsfarbe kranker Menschen erinnert. Also sagte man, wenn man sich unwohl oder schwindlig fühlte: „Mir ist/wird blümerant." Im übertragenen Sinne benutzte man das Wort aber auch, wenn man einer Sache oder einem Plan nicht vertraute. In der zweiten Hälfte des 20. Jahrhunderts begegnete man dem Begriff zumindest regional noch häufiger, aber heute kennt vor allem die junge Generation ihn kaum noch.

Damenwahl
Umkehrung der gesellschaftlichen Etikette

In früheren Zeiten galten der Besuch einer Tanzschule und das Erlernen der wichtigsten klassischen Paartänze für junge Leute als Selbstverständlichkeit. Walzer, Rumba, Cha-Cha-Cha – wer sich auf dem gesellschaftlichen Parkett gewandt bewegen wollte, kam auch um diese Tänze nicht herum. Die klassische gesellschaftliche Etikette sah streng vor, dass der Herr die Dame zum Tanz aufforderte und nicht etwa umgekehrt. Die einzige Ausnahme bildete die Damenwahl, die oft der Höhepunkt eines Balls war. Nun durften sich die Frauen einen Tanzpartner auswählen, und dieser durfte nicht kneifen. Im übertragenen Sinne verwendete man den Begriff gelegentlich auch als Synonym für die Umkehrung oder Durchbrechung der allgemeinen gesellschaftlichen Etikette. Heute begegnet man der Damenwahl noch in der Biologie, wo der Begriff scherzhaft den Umstand bezeichnet, dass in der Tierwelt fast immer die Weibchen bestimmen, wann, wo und mit wem es zur Paarung kommt.

Schwedische Gardinen
Gefängnis, Gitter

Hinter schwedischen Gardinen atmet man gesiebte Luft, was bedeutet, dass man hinter Gittern im Gefängnis sitzt. In diesem geflügelten Wort stehen die Gardinen für die Gefängnisgitter, insbesondere für die Fenstergitter, denn Gardinen hängen in der Regel ja vor den Fenstern. Aber warum ausgerechnet schwedische Gardinen? Der Begriff wird auf das Rotwelsche zurückgeführt, eine Art Gaunersprache der vergangenen Jahrhunderte. Wahrscheinlich ist diese Redensart im späten 19. Jahrhundert entstanden, als im Norden Schwedens besonders hochwertiges Eisenerz entdeckt wurde und Schweden sich anschickte, zu einem der größten Produzenten dieses wertvollen Gesteins aufzusteigen. Eisen und Stahl aus dem schwedischen Erz waren dementsprechend besonders hart und dauerhaft. Wer also hinter original schwedischen Gardinen saß, brauchte nicht darauf zu hoffen, dass die Gitter irgendwann durchrosten und den Weg in die Freiheit freigeben würde. Später wurde der Begriff zum Synonym für jedes Gefängnis, bevor er allmählich wieder in Vergessenheit zu geraten begann.

Kalter Kaffee
eine veraltete oder langweilige Information oder Sache

Ab dem 14. Jahrhundert existierte im ostafrikanischen Hochland im Süden des Roten Meeres das sagenumwobene Königreich Kaffa. Der Legende nach bemerkten einst Ziegenhirten, deren Ziegen rote Früchte von einem bestimmten Strauch gefressen hatten, dass diese Tiere im Gegensatz zu den anderen Ziegen bis tief in die Nacht hinein munter herumsprangen, anstatt müde zu werden. Als die Hirten daraufhin aus diesen Früchten einen Aufguss bereiteten und probierten, stellten sie dieselbe belebende Wirkung auch an sich selbst fest. Damit war der Kaffee „erfunden". Bald erkannte man, dass seine Wirkung und sein Geschmack am besten sind, wenn das Getränk noch heiß ist. Wenn der Kaffee abkühlt, verliert er einen guten Teil davon. Daraus ist die Redensart *Kalter Kaffee* abgeleitet worden, die für veraltete und damit langweilige Informationen oder Dinge gebraucht wurde. Heute ist sie kaum noch geläufig, in gewissem Sinne ist damit *Kalter Kaffee* selbst zum kalten Kaffee geworden.

Grüne Minna
Gefangenentransport, Streifenwagen

Ab der zweiten Hälfte des 19. Jahrhunderts setzte man in Preußen für den Transport von Strafgefangenen spezielle Fahrzeuge ein, die vom Volksmund schnell den Namen *Grüne Minna* verliehen bekamen. Die Bezeichnung „grün" bezog sich auf die Farbe, denn die Fahrzeuge waren wirklich grün lackiert. Die Bedeutung des Begriffs „Minna" lässt sich in diesem Zusammenhang nicht mehr genau klären. Er war eine Kurzform des damals häufigen Frauennamens Wilhelmine. Dieser galt allerdings in jener Zeit nicht gerade als vornehm, sondern eher als klassischer Dienstmädchenname. Weil „Wilhelmine" zu lang war, wurden die Dienstmädchen meist „Minna" gerufen, vor allem, wenn sie wieder etwas falsch gemacht hatten und ausgeschimpft werden sollten. Daher kommt auch die alte Redewendung *Jemanden zur Minna machen*, was so viel wie „jemanden heruntermachen" bedeutet. Und genau das passierte ja auch den Verbrechern in den Gefangenentransportern. Später bezeichnete man vielerorts allgemein die Streifenwagen als grüne Minnas, aber das ist schon lange her – zumal die Streifenwagen heute gar nicht mehr überall grün sind.

Knorke

super, bestens

Ein echtes Wort der „Berliner Schnauze" ist *Knorke*, was so viel bedeutet wie „super", „sehr gut" oder „bestens". Es ist vermutlich kurz nach dem Ersten Weltkrieg in Berlin entstanden – warum und woraus, weiß heute niemand mehr so ganz genau. Aber wie immer gibt es einige Theorien. Eine geht davon aus, dass *Knorke* von dem älteren Wort *Knocke* abstammt, was so viel bedeutet wie „eine Handvoll". Diese Bedeutung könnte sich über „zufrieden" und „gut" zu „super" gewandelt haben – knorke eben! Alt-Bundeskanzler Helmut Schmidt äußerte in einem Fernsehinterview die Theorie, der Begriff *Knorke* käme von einem überaus beliebten, gleichnamigen Flusspferd, dass damals im Berliner Zoo gelebt habe. Wie auch immer – jedenfalls wurde der Begriff rasch zum absoluten Trendwort und breitete sich rasend schnell aus, sodass man ihn schon in den 1930er-Jahren in ganz Nord- und Westdeutschland kannte. Bis in die zweite Hälfte des 20. Jahrhunderts blieb er dort sehr populär, bevor sein Stern langsam zu sinken begann. Daran konnte auch die Punkrock-Band „Knorkator" nichts mehr ändern, die ihn in leicht veränderte Form zu ihrem Namen machte. Heute ist *Knorke* längst durch *Geil*, *Cool* und Konsorten verdrängt worden.

Salamitaktik

Taktik, bei der man sein Ziel in sehr kleinen Schritten zu erreichen versucht

Vor allem Politiker wenden, wenn sie Dreck am Stecken haben und deshalb in der Öffentlichkeit unter Druck geraten, die Salamitaktik an. Sie geben dabei nur das zu, was ohnehin schon bekannt ist, und hoffen, dass das öffentliche Interesse bald erlahmt. Heutzutage wird so etwas auch als *Guttenberg-Taktik* oder *Wulf-Taktik* bezeichnet. Aber auch in politischen Verhandlungen kommt die Salamitaktik zum Einsatz, vor allem von der Seite, der an Veränderungen nicht so sehr gelegen ist. Hier versucht man dann, durch kleinste Zugeständnisse die ganze Sache so sehr in die Länge zu ziehen, bis sie sich vielleicht von selbst erledigt. Aber es gibt auch eine positive Bedeutung des Begriffs: Wenn eine Aufgabe sehr komplex und langwierig ist, versucht man sie in kleinen Schritten zu erreichen, um nicht den Mut zu verlieren. Der Begriff selbst entstammt der Tatsache, dass Salami am besten schmeckt, wenn man sie in möglichst dünne Scheiben schneidet.

Milchmädchenrechnung

naive Betrachtungsweise, die wichtige Faktoren einer Sache außer Acht lässt

Wenn man bei der Betrachtung und Beurteilung eines komplexen Zusammenhangs wichtige Faktoren oder Rahmenbedingungen außer Acht lässt, oder wenn man nur einen Teilaspekt erkennt und für den Gesamtzusammenhang hält und dadurch zu voreiligen und letztlich völlig falschen Ergebnissen kommt, dann darf man sich nicht wundern, wenn andere die gesamte eigene Argumentation abwertend als Milchmädchenrechnung bezeichnen. Zumindest war dies bis in die zweite Hälfte des 20. Jahrhunderts so, denn seitdem ist der Begriff immer mehr in Vergessenheit geraten. Von den verschiedenen Versuchen, seine Herkunft zu erklären, ist der Verweis auf die Fabel „Die Milchfrau" des deutschen Dichters Johann Wilhelm Ludwig Gleim am plausibelsten. Eine Bäuerin, die Milch zum Markt trägt, ergeht sich in blühenden Fantasien darüber, was sie mit dem Erlös für die Milch alles kaufen will und wie dann in der Zukunft alles gut wird – bis sie den Topf fallen lässt und die Milch verschüttet.

Ein Husarenstück/Husarenstreich

eine Heldentat, eine bemerkenswerte Tat

Wer ein Husarenstück oder einen Husarenstreich vollbringt, hat die Bewunderer auf seiner Seite, denn dabei handelt es sich um eine bemerkenswerte, aufsehenerregende Tat, wenn nicht gar eine Heldentat. Die Husaren waren Elitesoldaten des 17. und 18. Jahrhunderts, leichte Kavallerie, die wegen des außerordentlichen Mutes und der großen Tapferkeit ihrer Reiter mit den schwersten militärischen Aufgaben ihrer Zeit betraut wurden. Ein legendärer Handstreich gelang den kaiserlichen Husaren im Siebenjährigen Krieg, der von 1756 bis 1763 in ganz Europa und Nordamerika tobte und in dem England und Preußen vereint gegen alle anderen Großmächte kämpften, auch gegen das Heilige Römische Reich. Am 16. Oktober 1757 griffen die kaiserlichen Husaren unter Graf Hadik die preußische Hauptstadt Berlin an und eroberten sie in dem sprichwörtlich gewordenen *Berliner Husarenstreich*. Dabei fielen nur 10 Husaren den Kämpfen zum Opfer. Allerdings konnten die Kaiserlichen Berlin nur einen einzigen Tag lang halten, bereits am 17. Oktober mussten sie vor den heranrückenden Preußen fliehen.

Schabernack treiben

Unsinn treiben, Streiche spielen

Mit dem Treiben von Schabernack kann man sich leicht den Unwillen anderer zuziehen, denn der Begriff bedeutet nichts anderes als Unsinn zu treiben und anderen einen Streich zu spielen. Das kann einmal lustig sein, doch wer es sich zur Gewohnheit macht, wird über kurz oder lang sicher mit unangenehmen Konsequenzen rechnen müssen. Über die Herkunft des wahrscheinlich schon sehr alten Wortes *Schabernack* herrscht allgemeine Ratlosigkeit. Man geht zwar davon aus, dass es von dem mittelhochdeutschen *Schabirnack* oder dem niederländischen *Schavernak* abstammt, aber woher diese alten Wörter kommen, ist nach wie vor ungeklärt. Manche Forscher wollen in den Wortbestandteil „nack" eine Verbindung zum Verb „necken" erkennen, aber gesichert ist diese Theorie nicht. Wieder andere bringen einen grob gewirkten Winterhut ins Spiel, der im 14. Jahrhundert gebräuchlich war und der bis zum Nacken reichte, also den „Nacken schabte". Aber auch das ist nur graue Theorie. Auch wenn das, was das Wort *Schabernack* bezeichnet, nach wie vor groß in Mode ist, scheint das Wort selbst doch immer mehr in Vergessenheit zu geraten.

Firlefanz

überflüssiges Beiwerk, alberne Person

„Das ist doch alles Firlefanz!" Damit wird das Betreffende, um das es dabei geht, zum überflüssigen Beiwerk abgetan, etwa in der Bedeutung von: „Das ist doch alles dummes Zeug!" Der Begriff *Firlefanz* ist schon sehr alt und wurde nachweislich bereits im frühen 16. Jahrhundert in der heutigen Bedeutung benutzt. Er geht vermutlich zurück auf das mittelhochdeutsche *Firli-fanz*, das einen ausgelassenen, aber auch ein wenig albernen Springtanz jener Zeit bezeichnete. Bis ins 20. Jahrhundert hinein war Firlefanz noch ein durchaus gebräuchliches Wort. Eine andere Bedeutung ist dagegen schon lange verloren gegangen. Ursprünglich sagte man es nämlich auch zu einer albernen Person. So nannte bereits der große Reformator Martin Luther jemanden, der „mit Worten umher träumet", einen *Firlefanzer*. Aber auch in der erstgenannten Bedeutung geht der Begriff langsam verloren, *Firlefanz* wird damit praktisch selbst zum Firlefanz.

Fisimatenten
Unsinn, Umstände

„Mach keine Fisimatenten!" Wenn man früher eine derartige Aufforderung zu hören bekam, wusste man, dass man sich jetzt gut benehmen musste. Man hatte jetzt weder Unsinn zu machen noch Umstände, die die Ausführung einer geplanten Sache erschweren konnten. Die Herkunft dieses Ausdrucks liegt nach wie vor verborgen, auch wenn schon zahlreiche Theorien dazu vorgetragen wurden. Am häufigsten bekommt man zu hören, der Begriff *Fisimatenten* sei während der französischen Besatzungszeit unter Napoleon zu Beginn des 19. Jahrhunderts in Preußen aus dem französischen *Visitez ma tente* entstanden, was so viel wie *Besuchen Sie mein Zelt* bedeutet. Damit sollen französische Soldaten versucht haben, sich an deutsche Mädchen heranzumachen. Diese Theorie wird heute aber allgemein wieder verworfen, weil der Fisimatenten nachweislich bereits lange vorher bekannt waren. Eine andere Theorie führt ihn auf eine nur sehr umständlich zu erlangende behördliche Genehmigung aus dem 16. Jahrhundert namens „visipatentes" zurück, wieder eine andere auf sinnlose Ornamente namens „visamente."

Techtelmechtel
Flirt, Affäre

Nach verschiedenen Umfragen haben es möglicherweise bis zu drei Vierteln aller Leute schon mal gemacht: Sie hatten oder haben ein Techtelmechtel, einen Flirt, eine Liebschaft, eine Affäre – und welche Synonyme es für das Fremdgehen, für das Betrügen des Partners sonst noch alle gibt. Dass man meist erst einmal wenig davon erfährt, liegt daran, dass es geheim geschieht – immerhin haben beide Seiten oft viel zu verlieren. Im 19. Jahrhundert bezeichnete man eine solche Affäre in Österreich als *Techtelmechtel*, und von hier aus breitete sich der Begriff damals nordwärts über den ganzen deutschen Sprachraum aus. Die Herkunft ist bis heute unklar, manche Forscher suchen sie im Rotwelschen, der Gaunersprache vergangener Jahrhunderte. Hier gab es das Wort „tachti", was so viel wie „heimlich" bedeutet und möglicherweise durch Wiederholung und reimende Verballhornung zu Techtelmechtel geworden sein könnte. Das ist aber letztlich ebenso unsicher wie die Rückführung auf das italienische „teco-meco", was *Ich mit dir, du mit mir* heißt. Während die Sache selbst aktuell ist wie eh und je, wird das Wort *Techtelmechtel* nur noch sehr selten verwendet.

Mumpitz
Unsinn, Unfug

„Das ist doch Mumpitz!" Das war die Standardantwort des großen SPD-Politikers Herbert Wehner auf Journalistenfragen, die ihm nicht gefielen und die er nicht zu beantworten gedachte. Damit meinte er: „Das ist doch Unsinn!" oder „Das ist doch Unfug!" Das schöne alte Wort stammt von dem älteren *Mummelputz* ab, die Bezeichnung für eine Schreckgestalt für Kinder und Toren, etwa in der Art einer Vogelscheuche. Darin steckt der Wortbestandteil „Mumme", der auch im *Mummenschanz* vorkommt. Mit diesem ebenfalls aussterbenden Begriff meint man heute abwertend eine billige Maskerade oder auch einen auf Verkleidung basierenden Täuschungsversuch. *Mumpitz* dagegen wurde in der zweiten Hälfte des 19. Jahrhunderts an der Berliner Börse gebräuchlich, wo man damit für die Börsenkurse schädliche Gerüchte bezeichnete. Später erhielt es dann seine endgültige Bedeutung als *Unsinn* oder *Unfug*. Heute ist *Mumpitz* bei der jungen Generation schon beinahe unbekannt.

Maloche
(schwere) Arbeit

Wer zur Maloche geht – oder im Ruhrgebiet auch „auf Maloche" –, dem steht ein harter Tag bevor, denn *Maloche* ist nichts anderes als harte körperliche Arbeit. Besonders weit verbreitet war der Begriff im 19. und 20. Jahrhundert in den Kohle- und Stahlrevieren des Schlesischen Industriegebietes und des Ruhrgebietes. Wer aber glaubt, dass es Maloche nur in den Gebieten der Montanindustrie gegeben habe, der irrt. Die Wörter *Maloche* und das dazugehörige Verb „malochen" sind nämlich schon viel älter und stammen aus einer Zeit, in der es noch gar keinen Steinkohlebergbau gab. Ihre Herkunft liegt im hebräischen „malocho" und im jiddischen „maloche", was ebenfalls „Arbeit" bedeutet. Im 18. Jahrhundert wurde *Maloche* ins Rotwelsche übernommen, der legendären Gaunersprache früherer Zeiten. Richtig bekannt und populär wurde *Maloche* dann aber tatsächlich mit der Industrialisierung, als Millionen von teilweise sehr harten Arbeitsplätzen entstanden. Heute wird in diesem Sinne im Ruhrgebiet immer weniger malocht, und das Wort selbst wird immer als Synonym für jegliche Art von Arbeit benutzt.

Grünschnabel
Anfänger, Neuling

Bezeichnet man jemanden abwertend als *Grünschnabel*, darf man sich über eine abwehrende Reaktion der betreffenden Person nicht wundern, hat man ihr damit doch gerade eben zu verstehen gegeben, dass man sie für unerfahren hält und ihr bestimmte Dinge einfach noch nicht zutraut. Der Wortbestandteil „grün" signalisiert, dass es sich hier noch um einen Zustand bestimmter Unreife handelt. Das ist eine Entlehnung aus dem botanischen Bereich: Die grünen Früchte an den Bäumen und Sträuchern sind meist noch unreif – manchmal sogar giftig – und dürfen erst geerntet werden, wenn sie ihre Farbe verändert haben. Mit dem *Grünschnabel* verwandt ist die schöne Formulierung noch *Noch grün hinter den Ohren zu sein*, die im Grunde genommen dasselbe meint. Auch im Englischen gibt es mit dem *Greenhorn* eine dem Grünschnabel vergleichbare Vokabel. Aber auch wenn man dem Grünschnabel nicht viel zutraut, gilt auf der anderen Seite auch: *Es ist noch kein Meister vom Himmel gefallen!*

Lippenbekenntnis
ein nicht ernst gemeintes Versprechen

Wenn man ein Lippenbekenntnis abgibt, gibt man jemandem ein Versprechen, von dem man zu diesem Zeitpunkt bereits weiß, dass man es nicht einlösen kann. Das muss nicht daran liegen, dass man es nicht will, sondern oft liegt es auch daran, dass man es nicht kann – man hat dann eben zu viel versprochen. Das Versprechen besteht dann nur aus den Worten, die von den Lippen kommen, denen aber keine Taten folgen. Lippenbekenntnisse werden heute vor allem von Politikern abgegeben, die etwa in Wahlkampfzeiten Dinge versprechen, von denen sie vielleicht sogar überzeugt sind, die aber angesichts der politischen und wirtschaftlichen Zustände gar nicht eingelöst werden können. Neudeutsch würde dies dann wahrscheinlich als „rechtsunverbindliche Absichtserklärung" bezeichnet. Da das Lippenbekenntnis als solches wahrscheinlich insgesamt sogar im Vormarsch ist, kann man nur hoffen, dass auch der Begriff noch auf lange Zeit nicht in Vergessenheit geraten wird.

Zipperlein
Wehwehchen, leichte Schmerzen

„Mit dem Alter nehmen auch die Zipperlein zu." Dieser oft gehörte Satz ist wohl wahr. Und da die individuelle Lebenserwartung bei uns immer weiter steigt, werden wohl die Zipperlein in der Zukunft noch mehr zunehmen. Mit *Zipperlein* bezeichnet man umgangssprachlich und leicht scherzhaft die kleineren Wehwehchen, die jeder kennt, die fast jeder hat und die zwar schmerzhaft und lästig, aber letzten Endes nicht wirklich bedrohlich sind, obwohl sie in der Summe durchaus nerven können. Das war früher anders: Ursprünglich bezeichnete der Begriff *Zipperlein* bereits im 16. Jahrhundert die Krankheit Gicht. Bei einem akuten Gichtanfall sind oft die Fußgelenke betroffen, die schmerzhaft anschwellen. Zu Vermeidung der Schmerzen läuft man dann mit typischen Trippelschritten. Diese Art zu laufen wurde damals als „zippeln" bezeichnet. Erst im 19. und vor allem im 20. Jahrhundert vollzog sich der Bedeutungswandel des Wortes Zipperlein hin zu der beschriebenen Bedeutung. Heute ist vor allem bei den jungen Leuten das Zipperlein nahezu unbekannt – kein Wunder, sie haben in der Regel ja auch noch keine!

Klapsmühle
psychiatrische Einrichtung

So einfach war das früher: Wenn man – umgangssprachlich und salopp ausgedrückt – einen „Klaps" hatte, dann kam man in die *Klapsmühle*. Und einen „Klaps" hatte man, wenn man nicht bei Verstand war, also schwerwiegende psychische Probleme hatte. Diese Redensart ist schon seit dem 19. Jahrhundert nachgewiesen, sie ist umgangssprachlich ein Synonym für den berühmten *Dachschaden*. Der Begriff „Klaps" kam daher, dass man dachte, bestimmte psychische Probleme würden durch einen Schlag („Klaps") auf den Kopf entstehen. Das Wort *Klapsmühle* tauchte während des Ersten Weltkriegs erstmals auf. Die Soldaten bezeichneten damit die psychiatrischen Abteilungen der Feldlazarette, die damals wegen der extremen Grausamkeit des Stellungskrieges mit seinem Trommelfeuer gut gefüllt waren. Nach dem Krieg tauchte die Klapsmühle auch im zivilen Bereich häufig auf. Ob es an dem besseren Verständnis psychischer Erkrankungen liegt, dass man Klapsmühle heute kaum noch hört, sei dahingestellt – dasselbe gilt übrigens für das eng verwandte Wort *Irrenanstalt*.

Bordsteinschwalbe

Prostituierte

Nein, die Bordsteinschwalbe ist keine ausgestorbene Vogelart, wie manche Scherzkekse einem gerne weismachen wollen. In Wirklichkeit ist der Begriff *Bordsteinschwalbe* eine veraltete Bezeichnung für eine Prostituierte, vornehmlich eine vom Straßenstrich. Bei der Worterklärung sollte man bei eben diesem Strich beginnen. In Wien und Hamburg wurden die Bereiche, die die Prostituierten auf der Straße betreten durften, durch Striche gekennzeichnet. Über diese Striche hinaus durften sich die Prostituierten nicht bewegen. Deshalb standen sie möglichst weit am vorderen Rande ihres Bereiches *Auf dem Strich* und warteten auf Kundschaft. Auf den Bürgersteigen der Straßen wurden diese Striche so angebracht, dass die normalen Passanten durch die Prostituierten nicht belästigt werden konnten, und zwar in der Form, dass sich die Damen nur am äußersten Rand der Bürgersteige aufhalten konnten. Und die Ränder der Bürgersteige sind nun mal die Bordsteine. Dass man die *Freudenmädchen* dann auch noch als „Schwalben" bezeichnete, mag mit ihren flatterhaften und unsteten Lebenswandel zu tun haben.

Register

Literaturnachweis

Die Bibel, Einheitsübersetzung, Stuttgart 2001

Duden, Deutsches Universalwörterbuch A-Z, Mannheim/Leipzig/Wien/Zürich 1996

Duden Bd. 7, Das Herkunftswörterbuch. Etymologie der deutschen Sprache, Mannheim/Leipzig/Wien/Zürich 1989

Duden Bd. 11, Redewendungen. Wörterbuch der deutschen Idiomatik, Mannheim/Zürich 2011

Müller, Klaus: Lexikon der Redensarten. Herkunft und Bedeutung deutscher Redewendungen, München 2005

Pöppelmann, Christa: Ich glaub' mein Schwein pfeift! Die bekanntesten Redensarten und was dahintersteckt, München 2011

Pruys, Karl Hugo: Bis in die Puppen. Die 100 populärsten Redensarten, Berlin 2008

Pruys, Karl Hugo: Perlen vor die Säue. Noch mehr populäre Redensarten, Berlin 2009

Röhrich, Lutz: Lexikon der sprichwörtlichen Redensarten, Freiburg 2003

Wagner, Gerhard: Schwein gehabt! Redewendungen des Mittelalters, Rheinbach 2012

Wagner, Gerhard: Wer's glaubt wird selig, Redewendungen aus der Bibel, Rheinbach 2011

Wagner, Gerhard: Das wissen die Götter! Redewendungen aus der Antike, Rheinbach 2010

Wahrig-Burfeind, Renate: Deutsches Wörterbuch, Gütersloh 1997

Wedler, Peter: Worte auf der Goldwaage. Das etwas andere Lexikon biblischer Redensarten, Gießen 2009

Regionalia Verlag – weitere Titel aus dem Programm

ISBN 978-3-939722-36-6

ISBN 978-3-939722-31-1

ISBN 978-3-939722-52-6

ISBN 978-3-939722-61-8

jeweils Hardcover, Format 16,5 x 19,8 cm, 128 Seiten, € 4,95